St. Kleinkrieg

Das Rumpsteak und der Dalai Lama

Kurzgeschichten und Räuberpistolen
von Extrabreit-Gitarrist Stefan Kleinkrieg

Kleinkrieg, St.: Das Rumpsteak und der Dalai Lama. Kurzgeschichten und Räuberpistolen von Extrabreit-Gitarrist Stefan Kleinkrieg, Hamburg, acabus Verlag 2018

2. Auflage
ISBN: 978-3-86282-596-7

Dieses Buch ist auch als eBook erhältlich und kann über den Handel oder den Verlag bezogen werden.
ePub-eBook: ISBN 978-3-86282-598-1
PDF-eBook: ISBN 978-3-86282-597-4

Lektorat: Philip Braun, acabus Verlag
Satz: Birthe Dauer, Laura Künstler, acabus Verlag
Cover: © Annelie Lamers, acabus Verlag
Coverfoto: © Nicole Kreusch
Illustrationen: © St. Kleinkrieg

Bibliografische Information der Deutschen Nationalbibliothek:

Die Deutsche Nationalbibliothek verzeichnet diese Publikation in der Deutschen Nationalbibliografie; detaillierte bibliografische Daten sind im Internet über http://dnb.d-nb.de abrufbar.

Der acabus Verlag ist ein Imprint der Diplomica Verlag GmbH, Hermannstal 119k, 22119 Hamburg.

© acabus Verlag, Hamburg 2018
1. Auflage 2018, acabus Verlag Hamburg
Alle Rechte vorbehalten.
http://www.acabus-verlag.de
Printed in Europe

INHALT

Der Flug in der Enterprise … 7

Mein letzter Arbeitstag oder DING DONG … 22

Nürseltrinken im Madison … 31

Haralds Geburtstag und der eiskalte Hauch! … 39

Neulich anne Tanke … 52

Der Kampf um Deutschland … 56

Mich kennt jeder … 66

Das Rumpsteak … 74

Träumen ist süß … 78

Ponderosa-Depression … 86

Das wird die Zukunft! … 90

Der Autor … 172

Der Flug in der Enterprise

Wenn ich aus meinem Fenster schaue und das verspätete Aprilwetter beobachte, wünsche ich mir einen tiefen, dunklen November. Richtiges Jackenwetter, mit Scheinwerfergrütze auf dem Asphalt. Ist mir lieber als dieses Muschiwetter, das sich nicht entscheiden kann. Ich hasse diese Blitzwechsel von Sonnenschein auf dunkle Regenphasen wie die Pest. Na ja, ich habe mir ja so ein paar Reisstrohmatten als Rollos gekauft, um die Sonne vom Fernseher fernzuhalten; lass ich die eben runter und versuche mich an die Zeit zu erinnern, als Wetterfühligkeit ein Begriff war, der für ältere, kranke oder pflegebedürftige Menschen eine Rolle spielte. Aber nicht für mich.

Es war ein goldener Herbst und ich befand mich im letzten Quartal meiner Soldatenzeit. »Im Feldquartier, auf hartem Stroh, da sing ich meine Lieder ...!« Nein, so war es nicht, nicht ganz. Ich hatte zwar eine heftige Zeit mitgemacht, mit »unerlaubtem Entfernen von der Truppe« und allerlei Schnickschnack, aber darüber will ich vielleicht ein anderes Mal schreiben. Heute erzähl ich euch die Geschichte vom »Flug in der Enterprise«.

Ich war zum Wochenende aus der Kaserne gekommen und hatte vor, mit meinem Freund Käpt'n Horn so richtig einen draufzumachen. Durch irgendeine Publikation hatten wir erfahren, dass im Sauerland ein Rockfestival stattfinden sollte. Oder so was Ähnliches. Es war gepaart mit einer großen Kirmes. Da diese Geschichte wirklich über

30 Jahre her ist, möge man mir verzeihen, wenn ich die genaue Örtlichkeit nicht mehr so parat habe. Ich glaube, es war irgendwo in Lüdenscheid.

Guter Reim – »Eine kleine Örtlichkeit – irgendwo in Lüdenscheid.« Das wird mir die angeschlagene Musikindustrie aus den Händen reißen, sobald ich es vertont habe ...!

Egal, wir hatten uns also mit irgendjemandem im Auto auf den Weg gemacht, um Zeugen dieser volksfestartigen Darbietungen zu werden und um im Schutz der versammelten Öffentlichkeit Drogen zu konsumieren, um uns auf unsere Art so richtig zu amüsieren. Zu diesem Zweck hatten wir von einem Stadt- und uns bestens bekannten Drogenhändler vier unserer allerliebsten Löschpapiere gekauft. Das waren zu der Zeit sehr beliebte LSD-Darreichungen. Der Stoff war auf den Filz geträufelt und man schluckte das kleine Papierchen runter. Das ging wie nix Gutes und es hieß: Warten bis die Wirkung einsetzte. Die konnte man dann nicht mehr bestimmen und ich sage mal so: Das ein oder andere Mal wäre es besser gewesen, ich hätte den Filz weggeschmissen und mich nüchtern und unbedröhnt meinem Schicksal ergeben. Aber was will man machen! Wir waren jung und brauchten den Rausch. Ich ganz besonders, denn ich war nach einem Jahr Bundeswehr schon ziemlich matschig und das einzige, was mir eine Perspektive war, war diese Band, die ich mit dem Käpt'n zusammen starten wollte. Ich kann heute im Rückblick nicht mehr sagen, wie weit unsere Pläne diesbezüglich gediehen waren, aber er war schon Teil unseres Lebens geworden, der große Plan von der Band! Der Käpt'n und ich; wir waren zwei im Drogenkonsum erfahrene Leute und zeichneten uns durch unsere maß- und stilvolle Art, mit den Mächten der Bewusstseinserweiterung umzugehen, aus! Immer cool und auf Distanz zu den Giften, aber interessiert. Sehr interessiert! Ich hatte, besser ging es gar nicht, bei meiner Tätigkeit als Truppensanitäter einen Kurs im Blutabnehmen gemacht und Injektionsnadeln zogen mich magisch an. Ja, ihr denkt jetzt: »Gott, gibt der an!« Stimmt aber. Ich war durch reinen Zufall an eine oder mehrere Schachteln Valeron Ampullen, ein Opiumderivat, gekommen und wir hatten es uns nicht nehmen lassen, meine auf Staatskosten erworbenen Fähigkeiten im Umgang mit medizinischem Gerät zu testen. Tolle Sache!

Ich war ein Naturtalent und wir waren »Gefahrensucher«, immer bereit jeden Selbstversuch mitzumachen, der uns der »Bewusstseinserweiterung« oder der »Bewusstlosigkeit« näher brachte. Multitoxikologische Forscher mit spirituell-psychedelischem Hintergrund am Rande der Unendlichkeit!

Da fällt mir ein …! Es gehört jetzt eigentlich nicht zu dieser Geschichte, ist aber ganz lustig, sodass ich das mal eben hier loswerden muss:

Es geht dabei um Injektionsnadeln und die blitzartige Wirkung, die präzise gesetzte Spritzen mit brisanter Ladung haben können.

Ich war, wie gesagt, bei den Sanitätskräften der Bundeswehr und hatte diesen Lehrgang zum Blutabnehmen mitgemacht. Das wird an einem künstlichen Arm, der auf ein Holzbrett geschraubt ist, geübt. Der Arm hat eine hornhaut-umbrafarbene Vinylhaut und unter dieser Gummischläuche, die Venen darstellen sollen. In diesen künstlichen Adern ist Kunstblut, das der Proband mit seiner neu erworbenen Fingerfertigkeit und einer bundeswehreigenen Spritze aus dem Kunstarm raussaugen soll.

Eigentlich pippileicht, aber wie alles dauert das bei der Bundeswehr seine Zeit.

Kurz, ich hatte diesen Lehrgang erfolgreich abgeschlossen und musste jetzt im Krankenrevier des Sanitätsbereiches die morgendlichen »Blutsenkungen« bei den Patienten machen, bevor der eigentliche Sanitätsbetrieb losging.

Ich arbeitete mich also mit meinem Unteroffizier durch die Arme der armen Kameraden, als wir von der Putzfrau der Standortverwaltung angesprochen wurden. Der Sanitätsbereich wurde von Zivilangestellten der Standortverwaltung gereinigt.

»Hey, Jungens, ich bin heute so nervös, also so richtig blöde, habt ihr nich' irgendein Mittel für mich?«

Der Unteroffizier, ein feiner Kerl, aber auch keine große Leuchte, grinste verschlagen und sagte: »Ja, aber sicher, Gnädigste, da habe ich genau das Richtige. Und der Obergefreite Klein kann Ihnen das auch gleich geben. Der hat ja jetzt seinen Lehrgang hinter sich gebracht, soll er mal zeigen, ob er das auch umgekehrt kann. Haha, ha, ha!«

Die Reinigungskraft mit dem schönen Namen Frau Matuscheck setzte sich auf die Behandlungsliege im Behandlungsraum und machte den Arm frei. Der Unteroffizier zog irgendwas auf die Pumpe und band ihr mit diesem Adernabbinder den Arm ab. Ich wollte noch sagen:
»Ja, aber das dürfen wir doch gar nicht, Herr Unteroffizier!«, da hatte mein Vorgesetzter mir schon die Gun in die Hand gedrückt und zeigte mit einem eiskalten Kopfnicken und den Worten »Feuer frei!« auf Frau Matuscheck.

Die Ader lag dick, blau und glänzend im Scharnier des Putzfrauenarms und ich war mir sicher, die würde ich nicht verfehlen.

Mein professioneller Ehrgeiz bahnte sich seinen Weg und ich dachte nicht mehr lange nach. Ihr habt doch sicher Bekannte oder Verwandte, die in Pflegeberufen oder Sanitätseinrichtungen arbeiten? Ja, dann wisst ihr auch, dass solche Leute eigentlich immer die besseren Ärzte sind oder sich immer dafür halten.

Ich machte da auch keine Ausnahme.

Diese Frau war nervös, abgespannt und vielleicht auch mit ihrem Leben nicht im Reinen.

Da muss man doch helfen! Da kann man doch nicht abseits stehen!

Ich konnte helfen, also tat ich es auch.

Was ich der guten Frau da geschossen habe, weiß ich nicht, aber als der Unteroffizier mit den Worten: »Und ab die Post!« den Adernabbinder löste, sackte Frau Matuscheck wie vom Blitz getroffen bis auf ihren Bauchnabel in sich zusammen und wir konnten von Glück sagen, dass sie ihren Schrubber wie eine Lanze in der einen Hand hielt. Das gab der geschundenen Frau die einzige Stabilität, die sie vor dem Hinschlagen auf den Fußboden rettete.

»Ach du Scheiße! Frau Matuscheck? Frau Matuscheck? Is' Ihnen jetzt besser? Nich' mehr so nervös?«, fragte der Unteroffizier ziemlich dämlich und wieselte beflissen um die angeschlagene Reinigungskraft herum.

Ich stand, sinnbildlich, mit der rauchenden Waffe neben dem Behandlungstisch und war erschüttert.

»Ahahahaha! Waaass maach ihh mi miie?«, war alles was Frau Matuscheck mit einer Morlockstimme hervorbrachte, als ob ihr Gaumen mit Moltofill ausgespachtelt und ihre Zunge mit Rübenkraut gefüllt worden wäre.

Dabei guckte sie mit solch trüben Augen pfostengleich vor sich hin, dass man dachte, sie hätte ihr eigenes Aufwischwasser getrunken.

Ein Speichelfaden sabberte auf ihre geblümte Schürze.

»Waaas maaach ihh mi miie? Ahahahahah«, war alles was sie noch sagte und klang dabei wie ein Steiff-Teddy, der schon lange nicht mehr gebrummt hat; dann versuchte sie es sich auf der Behandlungsliege mollig zu machen.

Aber das war die Rechnung ohne den Unteroffizier, der jetzt disziplinarische Folgen auf uns zukommen sah.

Auch ich sah mich schon vor einem Peloton, mit oder ohne Augenbinde. Das auch mit Recht, denn es war strengstens verboten, Behandlungen ohne Arzt vorzunehmen und solch eine »Narkotisierung« sowieso.

»Klein, hol die Klamotten von Frau Matuscheck, die muss weg, ehe der Hauptfeld und die Ärzte hier sind! Schnell, schnell!«

Die Vertuschung der bösen Tat begann.

Ich rannte in den Putzfrauenaufenthaltsraum und holte den Mantel und den Hut und die Handtasche der Putzfrau und wir zogen ihr das Zeug an.

»Waaaass maach ihh mi miie? Aahahaha!«, war dabei die ständige Melodie, die die alte Matuscheck flötete.

Gruselig!

Wir schleiften sie die Treppe runter und der Unteroffizier sprach in dem Tonfall, mit dem man sonst mit Kindern oder Haustieren spricht: »So, Frau Matuschek, gehen Sie mal schön nach Hause; heute putzen wir selber. Legen Sie sich ein halbes Stündchen hin, dann wird Ihnen schon wieder besser werden. Alles wird gut. Auf Wiedersehen! Auf Wiedersehen! Sprechen Sie mit keinem!«

Ich bewunderte die Kaltschnäuzigkeit dieses ausgebufften Hundes.

Wir beobachteten aus dem Geschäftszimmer im ersten Stock des Sanitätsbereiches, wie die gute Alte den Weg runterschwebte. Mit butterweichem Gang, den Hut wie John Wayne im Nacken, schaukelte sie mit ihrer Handtasche am langen Arm durch den Kasernenbereich auf die Laterne vor dem großen Tor zu.

Geschafft, sie war weg!

Ich fragte den Unteroffizier, was wir ihr denn eigentlich verabreicht hätten.

Er guckte mich mit Verschwöreraugen an und sagte: »Das willst du gar nicht wissen!«

Wir gingen wortlos an unsere Arbeit.

Am nächsten Tag kam sie mit dem »Du, du, du!«-Finger auf uns zu.

»Ihr seid mir die Richtigen! Was habt ihr mir denn da gegeben? Ich habe den größten Krach mit meinem Mann; hab ja den ganzen Tag im Bett verbracht. Konnte gar nicht kochen. Nein, nein, nein, wenn man euch auch schon mal braucht!«

Der blanke Undank!

So, das nur mal am Rande, um euch den leichtfertigen Umgang mit Drogen zu schildern, der damals so herrschte.

Ich meine, ich schreibe hier über die 70er.

Unnötig zu sagen, dass diese Geschichten einer dunklen Vergangenheit angehören und nicht zum Nachahmen empfohlen werden.

Aber es ist ja keiner zu größerem Schaden gekommen. Also, was soll's?

Zurück zum Rockfestival mit angeschlossener Kirmes in, vermutlich, Lüdenscheid oder Weitweg.

Schon vor der Fahrt im Auto des Unbekannten, der uns zu dieser Veranstaltung fuhr, hatten der Käpt'n und ich jeder einen ganzen Filz geschluckt, denn wir wollten ja drauf sein, wenn wir ankamen.

Aber es tat sich nichts. Im Körper nichts Neues. Wir waren eine ganze Weile unterwegs gewesen und der Käpt'n sah sein Wochenendvergnügen schwinden. Die nackte Verzweiflung schwang in seiner Stimme: »Merkst du was? Ich merke nix! Gar nix! Oder doch? Ne, war nix. Scheiße, das sind Blindgänger, Mist!«, so ging das die ganze Zeit. Ich merkte aber auch nix. Nicht die Bohne. »Los, Stefan, gib mir den andern auch noch, vielleicht klappt der ja. Dieser Dealerarsch, versaut einem das ganze Arrangement. Ich hatte mich schon so gefreut!« Ich auch und deshalb schluckte wir jeder noch den anderen Trip.

Nix passierte.

Wir waren angekommen und es war ein richtiges Volksfest mit Fressbuden und Karussells.

Jede Menge Menschen und am Ende des Platzes war ein riesiges Zelt aufgebaut. Von da kam ohrenbetäubender Lärm.

Das Rockfestival!

Eine ungefähr 30,2 Meter lange Schlange von Menschen wartete auf den Einlass. Wir stellten uns auch an. Jetzt ging es ganz schnell, alle gingen rein. Nur, bevor ich die Zelttür passieren konnte, senkte sich ein Arm, zu dem normale Leute Bein gesagt hätten, und versperrte mir den Weg.

»Halt, ers' ma watten, bis dat Volk sitzt!«, sagte ein als Ordnungskraft angestellter Rocker, von einem Körpermaßindex, der den Alditaschenrechnerspeicher mühelos überfordert hätte.

Ich guckte so vor mich hin, als ich eine glühendheiße Woge durch meinen Körper schießen spürte und auch hörte! Die Schädeldecke würde sich lösen, um dem Hirn ein wenig frische Luft zu gönnen; so ein Gefühl!

Eben: Die perfekte Welle!

Ich drehte mich zum Käpt'n, der einen puterroten Kopf hatte und mit einem Popeye-Grinsen »Endlich!« hervorstieß.

Die Droge hatte also angedockt! Wir waren im Geschäft. Jeder zwei Trips unbekannter Durchschlagskraft, auf einem Zeltfestival in den Tiefen des Sauerlandes, in einer Schlange vor einem Bierzelt, das von Monstern bewacht wurde!

Jetzt nur nicht nervös werden!

»Na, dir geht es aber auch nich so, wa?«, fragte das Monster vor mir. »Dann ma rein!«

Er hob den Beinarm und der Käpt'n und ich flutschten durch und waren im Zelt.

Irgendeine Band spielte, ich weiß nicht mehr wer, aber es waren zwei Bühnen. Eine große an der Stirnseite und eine kleinere an der Längsseite des Zeltes.

Wir suchten uns den damals üblichen Platz auf dem Fußboden – ja, das war da noch so; auf jeden Fall dort im Sauerland – und besorgten uns dann jeder ein Bier.

Die eine Band hatte aufgehört und sofort fing auf der anderen Seite eine andere an zu spielen.

Auch die sind mir bis heute unbekannt geblieben und wir bewegten uns nicht von der Stelle.

Ich kann mich nicht mehr an irgendwas erinnern, was da überhaupt geschah; ich weiß nur, dass ich alles SUPER DUPER fand.

Ich meine, wir waren so toxisch, dass Luftholen schon eine absolute Sensation war.

Dann kam es.

ES!

Auf der Bühne, vor der wir saßen, hatte sich eine Band breitgemacht, deren Namen mir bekannt war. Ich wusste aber nicht, was die spielten. Es war »Novalis«, eine Schlaubergerband mit Merkrock und tiefen Inhalten.

Eigentlich nicht so mein Gelände.

Ich kann mich beim besten Willen nicht an Gesichter oder Musik erinnern, nur an diese eine Textzeile:

»Wer Schmetterlinge lachen hört, der weiß wie Wolken schmecken ...!«

Ich dachte damals: »Wow, das ist es! Wahnsinn!«

Es durchbohrte mich wie die Injektionsnadel den faltigen Arm von Frau Matuscheck und mir kam diese Zeile wie die Antwort auf meine Fragen, wie die Antwort aller Fragen überhaupt, vor. Weltumspannend und universumsweit! Die Rettung der Menschheit und ihrer Angehörigen!

Ich wollte mich dem Käpt'n mitteilen, aber der schrie und schunkelte mit seinem Bierbecher in der einen, einem Joint in der anderen Hand und ebenso bedienten Narkoopfern um die Wette, sodass ich meine übersinnliche Erkenntnis für mich behielt.

Novalis waren fertig; jetzt auch mit ihrem Programm und es bahnte sich eine Pause an.

Wir gingen auf den Kirmesplatz und der Käpt'n wollte nach all »… dem lahmen Zock jetzt mal so richtig was auf die Lampe!« haben.

So gingen wir auf ein Karussell zu, das den Namen »Enterprise« trug und setzten uns in eine der zahlreichen Gondeln, die an einem riesigen Rad befestigt waren.

Man saß in Fahrt, oder Flugrichtung, hintereinander und die Gondel war durch ein Chromrohrgitter geschlossen.

Es war die Gondel zur Hölle, sage ich euch.

Ich saß hinter dem Käpt'n und wer das nicht erlebt oder auch nur gesehen hat, kann sich nicht vorstellen, was das heißt, auf Narko solch einen Flug mit solch einem Käpt'n zu machen.

Das Rad kam langsam in Fahrt, dabei wurde die Gondel von der Fliehkraft fast in die Waagerechte gestellt. Dann aber erhebt sich das Rad an einem Arm und der ganze Flug geht senkrecht und überkopf – rasend schnell! Immer rum! Bim, Bam, Bum! Bim, Bam, Bum!

Dabei lief brüllend, trommelfellzerfetzend laut Manfred Mann's Earthband – »Davy's on the Road again«. (»David hat den Führerschein wieder.«)

Immer, wenn ich heute dieses Lied höre, muss ich mich irgendwo festhalten.

Der Käpt'n hat so vor Begeisterung geschrien, dass der ganze Kirmesplatz unsere Reise in den Sauerlandhimmel mit größtem Vergnügen verfolgte.

Ich dachte nicht mehr. Ich fühlte nicht mehr. Ich war ganz Angst und Entsetzen!

Endlich, endlich, endlich hielt die Enterprise ganz langsam und ich wollte nur noch raus auf den sicheren Boden.

Da wiederum hatte ich die Rechnung ohne den Space Käpt'n gemacht.

»Neeieieieieiennnn, wir fahren noch mal! Der nackte Wahahahansinnnn, Stefffaaan, stell dich doch nicht so an.«

Er hielt die Chromgitter zu und ich saß halbtot in dem hinteren Sessel, als die »Enterprise« zum erneuten Start ansetzte.

Jetzt spielte der Kirmesmann an der Kasse: BACHMAN TURNER OVERDRIVE – BA, BA, BABY, YOU AIN'T SEEN NOTHING YET!

Unfähig mein Schicksal in die eigene Hand zu nehmen, hörte ich jetzt nicht nur die Schmetterlinge lachen, dass könnt ihr ruhig glauben.

Ich erspare mir jetzt den näheren Bericht über den zweiten Flug, aber ich glaub, nach der vierten Runde habe ich auf dem Kirmesplatz Frau Matuscheck gesehen, die mir die Zunge rausstreckte.

Zurück im Zelt lagen wir mit einer Horde angeknallter Leute vor der kleineren Bühne, auf der jetzt Gary Moore mit einer angegrauten Band auftrat.

Ja, dieser Gary Moore! Ich glaube, es handelte sich um »Kolosseum«. Der Mann spielte wie ein vom Wahnsinn Besessener. Ich bin kein Fan, aber der konnte wirklich Gitarre spielen.

Am besten fand ich noch sein Outfit; er hatte eine goldene Lederjacke an und ein T-Shirt, auf dem stand: »Fuck & Shout!«

Wir haben alles überlebt und sind dann auch wieder nach Hagen gekommen. So wie immer. Am nächsten Tag kaufte ich die Platte von »Novalis«.

Ich habe sie nur einmal gehört und mich dann ein bisschen dafür geschämt, dass ich dieses Schmetterlingslied gut fand. Es war der Beweis, dass Drogen das Hören oft negativ beeinflussen.

Nüchtern war der Zauber verflogen.

Die Musik war indiskutabel.

Die Zeichen der Zeit waren andere.

Heute, 30 Jahre oder über 30 Jahre später, bin ich im Internet auf den Text des Schmetterlingsliedes gestoßen und es ist nicht, wie seiner Zeit vermutet, von dem Dichter Novalis, sondern von Carlo Karges; unserem Carlo Karges, mit dem ich schon ein paar Jahre später eine Platte aufnehmen sollte, die mein ganzes Leben auf eine Flugbahn bringen würde, gegen die der Flug mit der »Enterprise« eine Schiffschaukeltour mit halber Kraft war.

Ich habe das Gedicht, denn das war es wohl, dann noch mal gelesen und ich fand es einfach nur schön. Vor dem Hintergrund der Ereignisse, die in den vielen Jahren zwischen dem ersten Hören und heute stattgefunden haben, klingt vor allen Dingen die letzte Strophe stark in mir nach.

Manchmal kommen sie zurück, diese unendlichen Weiten.

Mein letzter Arbeitstag oder DING DONG

DING DONG!!

Was ich heute zum Besten geben werde, ist eine kleine Geschichte aus der großen Zeit, als der Sprit noch knapp eine Deutsche Mark kostete und Musik noch einen anderen Stellenwert in der Gesellschaft und für uns alle hatte. WWW war höchstens die Abkürzung für: »Willi will Wodka.«

Wir rücken zurück in das Jahr 1980 und zwar in die kalte Jahreszeit.

Es war dunkel draußen und ich ging mit einem leichten Kater und flauem Magen in Richtung Egge, einer kleinen verträumten Straße meiner elterlichen Wohngegend, wo ich den Abend zuvor mein Auto abgestellt hatte. Einen alten Ford Taunus. Was für ein Modell ist mir entfallen, aber es war ein Viertürer und hatte zu seiner auberginefarbenen Metalliclackierung ein anthrazitfarbenes Vinyl-Dach. Todschick!

Die Parkplatzwahl hatte ihren tiefen Grund. An dem Fahrzeug war die elektrische Startmöglichkeit kaputt, aber wenn man ihn anrollen ließ, sprang er sofort an und die Egge war eine kleine, sehr steile, nicht häufig frequentierte Straße. Ideal für mein Problem. Anspringen musste er, denn ich war auf ihn angewiesen, um zur Arbeit zu gelangen.

Mein Job war Auslieferungsfahrer für ein Hagener Dekorationsmittelgeschäft und ich war Tag für Tag mit einem 3,5 Tonner auf den Straßen – hauptsächlich im Ruhrgebiet, aber auch manchmal ins benachbarte Holland und Belgien – unterwegs, um Dekorartikel, Preisschilderbedarf, Ensopappen und allerlei Werkstoffe für Schaufenstergestaltungen, aber auch zirka 15 Kilogramm schwere Papierrollen für Bäckereien zuzustellen.

Diese Papierrollen sind in den Bäckereien immer auf einer Abrissvorrichtung angebracht und ich hätte niemals einen Gedanken an sie verschwendet, wenn das Leben, das ja oft unberechenbar ist, mich nicht auf diese unwürdige Art und Weise mit ihnen zusammengebracht hätte.

Ihr kennt alle dieses Papier, mit dem die Backwarenfachverkäuferinnen die Papptabletts, auf denen die »Teilchen« liegen, geschickt einschlagen. Der Name der Bäckerei ist meist darauf gedruckt und manchmal auch blasse, blaue, rote oder rosa Farbstreifen. Auch eine Art Comiczeichnung von einem dicken Bäcker, der sich mit der einen Hand den Schnurrbart zwirbelt und die andere ausladend, einladend dem Betrachter entgegenstreckt. Das alles ist eine Art Muster, das sich alle 30 Zentimeter wiederholt. (Ich hoffe, ihr wisst jetzt, was ich meine. Ich kann nicht mehr!)

Da die Firma, für die ich der Ponyreiter war, diese Rollen wohl sehr günstig herstellte oder vertrieb, war dieser Artikel ein Stück des Kerngeschäfts, also immer in rauen Mengen auf meinem Laster, und ich verbrachte eine niemals zurückzuholende Lebenszeitspanne damit, diese verabscheuungswürdigen Rollen in beschissene Bäckereien zu schleppen.

Ihr könnt mir glauben, ich habe sie gehasst, diese Papierrollen, und selbst heute, fast 30 Jahre nach dieser demütigenden Erfahrung, legt sich ein Schatten auf meine Laune, wenn ich die Verkäuferin einer Bäckerei dieses Papier im großen Bausch abrollen sehe.

Was hatte mich aber in diese grässliche Lage gebracht?

Was zum Teufel war da falsch gelaufen?

Ich hatte mir doch gerade den Lebenstraum Nr. Uno erfüllt, oder der guten Ordnung halber, er war mir erfüllt worden, und eine Langspielplatte mit meiner Band aufgenommen.

Es gehören ja immer mehrere zu einem solchen Unterfangen.

Ja, mir war schon damals klar, dass dieses Ding der Heuler war, sozusagen der Burner, aber der Rest der Bevölkerung und sogar die eigenen Bandmitglieder waren da anderer Meinung.

So hatte Carlo Karges direkt im Anschluss an die Aufnahmen zu »Ihre größten Erfolge« die Band aus finanziellen Gründen verlassen. Wir waren ja erst gerade in den Klauen der Musikindustrie und unsere Einnahmen tendierten so was von in Richtung Null, dass ein Mann wie Carlo, der schon lange wirklich professionell Musik machte, es sich beim besten Willen nicht leisten konnte, diese Aufbauphase der Band mitzumachen.

Seine Abschiedsworte an mich waren: »Ihr werdet schon schnell einen Gitarristen finden, der das gut machen kann. Ihr habt ja durchaus eine Zukunft zu bieten. Ich darf mich empfehlen und verabschieden und gehe nach Berlin, wo ich mit Ulla Meinecke eine Tour vorbereite. Mach's gut!« – Ich habe ihm dann noch in so eine Silberbrosche, die einem Namensschild ähnlich sah, das mit diesen Weinlaubverzierungen umschmückt war, EXTRABREIT gravieren lassen und ihm auch alles Gute gewünscht.

Er war ein feiner Kerl und ein exzellenter Musiker. Ich habe ihm, rückblickend, mehr zu verdanken, als ich es damals in der Lage war abzuschätzen. Wir haben uns dann noch oft in Berlin und Weitweg gesehen und über Musik und Gott und die Welt geplaudert. Er hat dann alles, was man sich wünschen kann, in der Popmusik erreicht und auch wieder verloren. Das alte, klassische Spiel des »Lottokönigs«! Bei einem Kleinkrieg-Gig spielte er auch mal mit.

RIP Carlo!

Kai Havaii verabschiedete sich dann auch kurz nach Carlo. Seine Gründe entnehmt bitte seiner Autobiographie »Hart wie Marmelade«, die den Lesern dieses Buches sicher ein Begriff ist.

Käpt'n Horn war schon während der Aufnahmen zu »Ihre größten Erfolge« durch Rüdiger Braune ersetzt worden und Rolf Möller saß jetzt hinter der Schießbude.

Wir waren schon durch die Zwischenphase des Wiedereintritts von Piet Wortmann und hatten uns von diesem und Ralf Teuwen verabschiedet.

»Das Karussell geht immer rundherum …!«

Zum Zeitpunkt dieser Begebenheit spielten wir in der Besetzung: Hunter, Public, Rolf Möller, Stefan Kleinkrieg, Laui Laumann.

Mir fällt gerade auf, dass ich vier Ehemalige aufgezählt habe, die nicht mehr am Leben sind.

RIP Hunter. RIP Pete. RIP Carlo. RIP Laui Laumann.

Das hat aber alles nichts mit dieser Geschichte, die ich eigentlich erzählen will, zu tun. Ich schweife nur zu gerne in die Anfänge ab und ihr seht, dass meine Gedanken immerzu bei dieser Band sind. Dieser Band, die mein und das Leben der hier erwähnten Personen mehr bestimmt hat, als wir es uns je hätten vorstellen können. Kurz, es lief nur der Stromzähler.

So musste ich, um an schnöden Mammon zu kommen, eines Tages diesen Job machen zum Überleben.

Ich wohnte mal hier und mal da. Manchmal auch ein paar Tage, so wie zum Zeitpunkt dieser Ereignisse, bei meinen Eltern, aber es war mir unangenehm ihre Fragen zu beantworten: »Na, was macht denn Extrabreit? Wärst du besser im Kaufhof geblieben. Das wird doch nichts. Man hört ja so gar nichts von euch.«

Der Ford war angesprungen und ich fuhr zu der Garage, in der dieser LKW vollbeladen auf mich wartete.

Das Angenehme an diesem Job war, dass man sich seine Arbeitszeit selbst einteilen konnte. Ich konnte anfangen, wann ich wollte und wenn ich schnell fertig war, kam ich wieder in das Lager, belud die Karre anhand der Lieferscheine mit der vorbereiteten Ware und konnte mich dann verpissen. Ideal für einen Musiker. Auch auf dem Firmengelände gab es einen kleinen Hügel, von dem ich den Ford starten, beziehungsweise, anrollen lassen konnte. Tipp Topp!

An jenem Morgen war die Karre voll bis unters Dach und ich wusste, dass dieses wunderbare System der freien Zeiteinteilung, bei allem Glück, das es gibt, heute versagen würde.

Es sah verdammt nach einem langen Tag aus.

Ich muss noch bemerken, dass ich den Abend vor diesem Tag das Fahrzeug nicht selber beladen hatte, sondern ein sehr netter Kollege, dessen Name mir in den knapp 30 Jahren entfallen ist.

Es waren Bäckerrollen, Bäckerrollen, Bäckerrollen. Mein Horrorartikel.

Ich karriolte also mit meiner papierenen Fracht durch das Münsterland und Ruhrgebiet und lud in elenden Käffern, die ich nie wieder danach sah, in elenden Bäckereien diese Papierrollen ab, die dann als Einschlagpapier für »Teilchen« auf einem Papptablett gebraucht wurden. Habt ihr in eurem Leben mal von einem Job gehört, der wichtiger war?

JA! ( ) NEIN! ( )

Hier waren es mal vier Rollen, mal drei usw., ganz unterschiedlich. Es lag wohl am Stauraum, den die Bäckerei hatte und am Volumen des Verkaufs. Manche fuhr ich in den knapp sechs Wochen, die ich diesen Job hatte, dreimal an, andere besuchte ich nur ein einziges Mal. So, wie diese Bäckerei, die der Knackpunkt dieser Geschichte ist und welche die Geschehnisse einleitete, die dann zur Beendigung meines Arbeitsverhältnisses führten. Übrigens des letzten bürgerlichen, was ich nicht ohne Stolz verkünde!

Ich sah auf den Lieferschein und traute meinen Augen nicht: Bäckerei Krümelmonster hatte 38 Rollen Papier bestellt und ich stand direkt vor ihr, um zu liefern.

»Guten Tag, Firma Schnattelhuber! Ich habe hier eine Lieferung Einschlagpapier. 38 Rollen, wo sollen die hin?«

»Mal langsam, junger Mann! Sie sehen doch, dass ich hier noch beschäftigt bin. Ich komme gleich auf Sie zu!«, sagte eine mir als absolut unsympathische Kackbratze im Gedächtnis gebliebene Backwarenfachverkäuferin.

Ich wartete ungehalten circa 20 Minuten. Immer wenn sie von ihrer »Beschäftigung«, dem Zusammenrechnen von irgendwelchen Zahlen, aufsah und fertig zu sein schien, kam wieder so ein Kuchenjunkie aus der Umgebung und orderte Bienenstich und ähnliche »Teilchen«.

Dann aber sagte sie mir, als ob es eine Gnade wäre: »Der Opa ist ja jetzt tot und wir haben im zweiten Stock sein Zimmerchen als Lager vorgesehen. Bringen Sie die Rollen alle da hoch!«

Zweiter Stock! 38 Rollen! Jede 15 Kilo!
MAHLZEIT!

Ihr könnt euch jetzt ein Bild machen von dem frühen Feierabend und der Probe, die ich eigentlich mit den Breiten abhalten wollte.

Ich wuchtete die ganze Scheiße in den zweiten Stock, in des toten Opas, der 2000 prozentiger Zigarrenkettenraucher und auf jeden Fall Bettnässer gewesen war, altes Zimmerchen und stapelte die papierene Fracht in dem neuen »Lager« der unsympathischsten Backwarenfachverkäuferin des gesamten Universums. Als ich fertig war und ich meine »fertig«, sagte sie zu mir: »Ich habe Ihnen hier ein bisschen Gebäck vom Vortag eingepackt. Auf Wiedersehen!«

Ich hatte eine M65 (Armeefeldjacke) an, die Kutte war durchgeschwitzt und hatte den Geruch des »Lagers«, also Opas letzter Zuflucht, dem Zimmerchen, für immer angenommen. Ich habe sie später weggeschmissen.

Das Geschenk der Bäckersfrau war ein aus der Tüte herausragender Mohnstriezel, der meiner fachmännischen Meinung nach vom Vor-Vortag war und es war auch schon nach 16:00 Uhr. Also ein drei Tage alter staubiger Augenwischer. Mit Mohnstriezeln kannte ich mich zu der Zeit bestens aus.

Ich schwieg und ging aus dem Laden die drei Stufen runter auf den Vorplatz.

Neben den Eingangsstufen war ein Gitterpapierkorb als Abfalleimer, der bollerte ein bisschen, als ich den steinharten Mohnstriezel hineinpfefferte. Ich bestieg meinen LKW, glühte den Diesel vor und quälte mich, per Landkarte, durch die Landstraßenlandschaft des Münsterlandes. Es waren ja noch Jahrzehnte abzuwarten ehe es Navigationsgeräte gab.

Als ich endlich die Firmengarage erreicht hatte, kam der nette Kollege, dessen Name mir entfallen ist, auf mich zu und sagte: »Klein, sofort zum Alten. Dicke Luft!«

Ich erspare mir persönlich und euch jetzt die demütigende Strafpredigt des »Alten«, aber es ging um den Striezel und zwar deutlich. Die Kackbratze hatte den Schmetterwurf gesehen, fühlte sich in ihrer Großzügigkeit nicht recht gewürdigt und hatte mich bei der Geschäftsführung denunziert.

Ich kam zurück in die Garage und der nette Kollege half mir, die Karre zu beladen. Diesmal waren keine Rollen dabei und anhand der Ladeliste würde ich am nächsten Tag früh Feierabend machen können.

Ich war so sauer ob der Vorkommnisse, dass ich wohl die Ladetür des LKW nicht richtig zugemacht hatte.

Am nächsten Tag sah ich im Rückspiegel die Last, die ich geladen hatte, auf der Boeler Kreuzung, Schwerterstr./Dortmunderstr., liegen. Es waren mehrere Kartons mit Papptellern, die alle durch meine forsche Fahrweise von der Ladefläche durch die unzureichend gesicherte Ladetür geschleudert wurden und beim Aufprall auf die Straße aufgeplatzt waren.

35.000 Stück!

DING DONG!

Ich fuhr einfach weiter und wurde später von der Polizei gestoppt.

Ein Feuerwehrräumkommando musste die Kreuzung sperren und die Waren einsammeln.

Die Versicherung hat beanstandungslos gezahlt.

Es war mein letzter Arbeitstag.

NÜRSELTRINKEN IM MADISON

Es waren wilde Zeiten, die Anfänge unserer Band. Das hat bestimmt jeder von euch schon gehört. Vieles gerät auch immer mehr in Vergessenheit und manches ist es auch gar nicht wert, so erinnert zu werden, wie ich euch das hier zumute. Aber ihr seid ja nun Besitzer und Leser dieses Buches und erhofft euch sicherlich, aus der glorreichen Vergangenheit der sympathischen Haudraufs aus der tiefen, sauerländischen Provinz spektakuläre Inneneinsichten und Details zu erfahren, nicht wahr?

Gut, wir bewegen uns in das Hagen der 80er Jahre und besuchen den Probenraum der Gruppe Extrabreit. Nach vielen Übungsräumen hatten wir nun eine Heimstatt gefunden, in der wir uns recht wohl fühlten und was noch wichtiger war, die wir 24 Stunden frequentieren durften. Am Ende der Sedanstraße. Oder am Anfang, je nachdem, aus welcher Richtung man das Industriegebiet befährt.

Es war ein altes Gebäude der Bundesbahn, das von einem Taxiunternehmer angemietet war. Der Mann war uns wohlgesonnen und hatte uns einen Teil des Etablissements zu einem vernünftigen Preis vermietet. Hier probten wir für geraume Zeit und jetzt, wo ich so daran zurück denke, fällt mir auf, dass wir diesen Proberaum mit Nopsy Laumann und auch nach Kais Wiedereintritt hatten. Welcher Sänger aber zum Zeitpunkt dieser Geschichte aktiv war, ist mir nicht mehr geläufig.

Der Proberaum sah fast wie ein Studio aus.

Mit sehr viel Fantasie. Die hatten wir!

Wir hatten auch vor, uns ein solches einzurichten, aber es sollte bei dem Vorhaben bleiben.

Es handelte sich um zwei Räume. Ein kleiner, die »Regie« und ein größerer, der »Aufnahme-«, sprich, Proberaum. Und eine eigene Toilette war auch dabei. Unbezahlbar!

Die »Regie« war mit einem Fenster versehen worden. Das war die einzige Umbauarbeit, die wir bewerkstelligt hatten.

Halt! Rolf hatte, das muss man ihm hoch anrechnen, die ganze Bude tapeziert und der Proberaum sah wirklich manierlich aus. Er hatte auch ein Teppichmosaik entworfen, was er aber, ehrlich gesagt, nur allein gut fand.

Es diente aber der Tonqualität des Raumes und wurde deshalb akzeptiert.

Der »Regieraum« war mit einer Tapete ausgestattet, die jedem Bordell zur Ehre gereicht hätte.

Leopard oder Tiger. An das genaue Tier kann ich mich nicht mehr erinnern, glaube aber Leopard.

Es standen jetzt, nachdem wir den Plan »Studio« aufgegeben hatten, zwei alte, mit dunkelbraunem Cordüberzug versehene Sofas darin.

Möbelruinen der 70er. Wären heute megacool!

Ich habe auch das ein oder andere Mal dort genächtigt. Gruselig, sage ich euch.

Aber wir hielten uns eigentlich immer nur in dem Aufnahmeraum auf, weil in der kalten, feuchten Jahreszeit hier ein Ölofen war, der einigermaßen für Wärme sorgte.

Während wir hier nun jeden Tag an unserer Perfektion feilten, freuten auch wir uns, wie alle anderen arbeitenden Bevölkerungsteile, auf das Wochenende.

1.) weil wir da meistens Gigs hatten und das brachte immerhin ein bisschen Geld.

2.) wenn nicht, gingen wir abends ins Madison!

Wenn zweitens angesagt war, fuhren wir nach der Probe mit Hunters oder meinem Auto zur Disco und machten da den »Larry«, wie es damals hieß.

Das Madison war die mordsmäßig angesagte Diskothek, die zu unseren Stammlokalen zählte.

Ich bin ja etwas aus dem Geschehen raus, aber meine Neffen erzählen mir, dass es auch heute in Hagen nur eine Disco gibt, die von Bedeutung ist. So war das Anno 1980 auch. Deshalb war Hagen ja auch als »Onediscotown« berühmt-berüchtigt. Das war schon in den 70ern so. Es lief immer nur ein Laden.

Zurück nach 1980 und ins Madison.

Wir kannten das Personal, den Türsteher und die wechselnden DJs. Meist brauchten wir keinen Eintritt zahlen und etwa ein Jahr später hatten wir ein eigenes Regal, auf dem unsere eigenen Whiskyflaschen mit Namensschild standen.

Tja, Ruhm verändert alles!

(Ich glaube, da hieß der Laden auch schon anders. Richtig, »Hype«! Passender ging es nicht. Aber die beste Zeit war im Madison.)

Es ist immer wieder abgefahren, darüber nachzudenken:

Wir spielten die gleichen Lieder, nur kannte diese noch keiner so wirklich. Wir fanden die ja schon immer gut, aber dann sagte die Öffentlichkeit: »Jau, die sin' gut!« und bums, eigenes Regal, mit eigener Whiskyflasche mit Namensschild!

Die Welt ist manchmal so albern und so schön!

Aber bis dahin sind es noch ein paar Monate, die einem im Rückblick wie Jahre vorkommen.

Wie singt Kai in »Der letzte Schliff«: »... eine Woche war wie ein Jahr!«

Selten wahrere Worte über diese Zeit gehört.

So war es und wird es bleiben!

(Ich muss die Jungens doch mal eindringlich befragen, ob wir die Nummer nicht mal wieder spielen sollen.)

Wir gingen also nach der freitäglichen Probe gutgelaunt ins Madison, um uns einen schönen Abend zu machen.

Dass wir das konnten, lag, trotz andauernden Geldmangels, an der genialen Trickbetrügerei, die wir zu unserer Freude erfunden hatten: dem Nürseltrinken!

Spezialisten waren in dieser Disziplin Hunter und ich. Ob die andern das überhaupt gemacht haben, weiß ich gar nicht.

Beim Nürseltrinken wird man zwangsläufig immer mutiger und landet hinterher mit etwas Glück absolute Volltreffer in Form von »Frischgetränken«.

Nürseltrinken für Anfänger:

Ein/e Mann/Frau steht mit jemandem an der Theke und unterhält sich, vor ihm/ihr Zigaretten, Getränk, Feuerzeug und so weiter. Als Fachmann weiß man an der augenfälligen Beschaffenheit des Getränkes abzuschätzen, um was es sich handelt. Wodka Lemon, Gin Tonic, Campari Orange usw.

Mein Favorit zu dieser Zeit war Gin Tonic. Man trifft seine Wahl! Und leitet den Rauschdiebstahl geschickt, unauffällig ein, indem man sich an die Person drängelt und in einem unbeobachteten Augenblick das Glas mit dem auserwählten Stoff nimmt und rasch leert.

Gluck, gluck, gluck und weg.

Das hier imitierte Geräusch des Schluckens soll auch anzeigen, dass die bevorzugten Nürsel natürlich nur aus mal angenippten Gläsern waren; sogenannte »Speichelpfützen« standen nicht auf dem Speisezettel.

Sollte, was wirklich so gut wie nie passierte, doch mal einer sagen: »Eh, das war mein Gin Tonic!«, so sagte man mit dem größten Bedauern: »Oh Alter, tut mir leid. Wo ist denn meiner?« Dann dreht man sich suchend, forschend in den Raum und taucht im Volk unter. Bei einer Dame ließ man das »Oh Alter« weg.

Oder wenn die bestohlene Person fragt: »Wo ist denn jetzt mein Glas?«, entrüstet antworten: »Gute Güte, woher soll ich das denn wissen?« Auch bei dieser unverschämteren Variante ist ein Standortwechsel sofort zu empfehlen.

Das war reinrassiges Nürseltrinken, ohne doppelten Boden. Eine Art Promille-Raub.

Wenn man aber geschickt ist, kann man sich sogar hinter dem Rücken der Getränkebesitzer zuprosten und allerlei Unsinn machen.

Nürsel wegzischen und sich dann noch eine Zigarette aus der Packung klauen und den Typen nach Feuer fragen gehörte zur Königsklasse.

»Frischgetränke«-Nürseltrinken ist schwieriger und kann auch nach hinten losgehen. Man sollte auf jeden Fall so viel Geld dabei haben, um im Falle des Entdecktwerdens ein neues Getränk kaufen zu können:

»Ist mir sehr unangenehm, ich bestell dir sofort Ersatz!«

»Entschuldigung, ich dachte, das wäre meiner!«

»Oh, Pardon, ich dachte, der wäre mir jetzt von meinem Kollegen gesteckt worden!«

So, oder ähnlich wurde dann geschleimt.

Aber das ist so gut wie nie passiert, denn man war ja durch das vorhergehende »reinrassige Nürseltrinken« so duhn, dass keiner mehr reklamierte.

Frischgetränke Nürseltrinken:

Man geht zu zweit auf einen Gast los, der justamente seine Bestellung erhalten hat. Supertyp 1 fragt von der Seite nach der Uhrzeit oder irgendeiner anderen Aufmerksamkeit ablenkenden Sache, während Supertyp 2 das »Frischgetränk« ext! Das leere Glas ist alles, was zurückbleibt! Alle! Dschinghis Khan kommt nach Hause und alles ist alle!

In den frühen Morgenstunden haben wir dann auch immer der Musik zugehört. Manche DJs waren echt gut und spielten die Titel, die wir liebten. Aktuelle Scheiben, aber auch Stones und Glam aus den frühen 70ern.

Dann haben wir uns immer schön angeleuchtet in eine der Sitzmuscheln zurückgezogen, mit einem Bier, das uns eine der Bardamen geschenkt hatte.

Sie wollten uns nach einiger Zeit nicht mehr am Tresen sehen. Viele Gäste konnten sich das Verschwinden ihrer Getränke nur mit dem Umstoßen der Gläser erklären, so geschickt waren wir.

Wir waren wie so Vampire an Bord eines Schiffes, man weiß da was, verdächtigt auch jemanden, aber man weiß nix genaues, außer, dass alles immer weniger wird. Das fiel dann, unschöner Weise, irgendwie auf die Bardamen zurück. Mädels, ich hoffe, ihr hattet keinen Ärger.

Heute würde ich das nicht mehr machen, schon aus hygienischen Gründen. Es würde auch gar nicht mehr funktionieren. Ich war vor kurzem mal in einem Club. Rauchen verboten. Alle wissen kaum, was sie mit den Händen tun sollen, deshalb halten sie die ganze Zeit ihr Glas fest.

Keine Chance für Nürseltrinker!

HARALDS GEBURTSTAG UND DER EISKALTE HAUCH!

Wir waren zu einer Fernsehshow eingeladen und freuten uns, mal wieder in das sommerliche Berlin zu kommen. Es war eine Gala-Show am 10. Juni 2004 zum 75sten Geburtstag von Harald Juhnke, dem größten zu diesem Zeitpunkt noch lebenden deutschen Entertainer.

Die Show wurde von Carmen Nebel moderiert und ich glaube hier auch im Namen meiner Bandkollegen schreiben zu können, dass wir lieber andere Formate für unser Zeug hätten, aber was soll man machen …!

Meine Mutter meinte aber, dass Frau Nebel immer sehr nett wäre und ich mich benehmen sollte, da ihre Freunde und Bekannten alle Shows mit der guten Carmen Nebel sehen würden.

Wir freuten uns auf den Besuch in der Hauptstadt und das hatte seine ureigenen Gründe:

1.) Eine Reise ins mondäne Berlin, diese TV-Geschichte, da kann man dann immer ein bisschen Präsenz beweisen, nach der Devise: Seht her, es gibt uns noch! Aber das war es eigentlich nur so am Rand. Scheiß auf die Formate, loch die Arbeitskarte!

2.) Molto importante, wir hatten vor, diese Berlinreise für ein Livekonzert im EXnPOP, einem Berliner Club, zu nutzen und ein paar von den Liedern auf »Frieden«, unserem neuen Album, an dem wir gerade arbeiteten, zu spielen. Wir waren gebucht.

3.) Da die Band bis zu ihrem verfrühten und wieder aufgehobenen Ende 1998 ihren Sitz in Berlin hatte, wäre es auch schön, ein paar alte Bekannte zu treffen. (Berliner Zeit: 1995–1998)

4.) Unsere Tourbegleiterin von der »Hotel Monopol«-Tour und Freundin des Hauses, Gabi Kowarik, betrieb jetzt mit ihrem Mann ein Hotel in Berlin. Wir hatten das Etablissement noch nicht gesehen und waren von der öffentlich rechtlichen Anstalt in diesem Haus untergebracht worden!

Perfektamento!

Live spielen, Freunde und Bekannte treffen, in einem von Freunden geführtem Hotel umsonst übernachten und Geld verdienen. Wieder zwei Tage im Leben, wo man sich um nichts kümmern muss!

Ein gütiger Gott bückte sich, um seinen Schuh zuzumachen und entdeckte dabei Extrabreit. Er warf uns ein paar Krümel Glück zu, bevor er sich wieder um Herbert und Konsorten kümmerte.

Das Leben kann schön sein, das Wetter auch und auf dieser Reise war beides nicht zu verbessern, es war ... einer von diesen Tagen!

Wir trafen, nach einer ereignislos verlaufenden Autofahrt, am Abend vor der Aufzeichnung in Berlin ein. In der Hotellobby des Hotels *Johann* gab es bewegende Momente des Wiedersehens mit der guten Gabi und ich erspare mir jetzt die Schilderung, weil es allzu schnell ins Kitschige abgleiten könnte.

Wir alle lieben Gabi, sie war immer gut zu uns.

Wir bezogen unsere Zimmer und man traf sich in meinem, um, bevor es zum Essen ging, noch ein bisschen vorzuglühen.

Ich hatte eine kleine Kühlbox dabei, gefüllt mit Capri-Sonne Zitrone und einem Fläschchen Wodka, dem wegen seiner Bekömmlichkeit bevorzugten Schnäpschen der Kapelle Extrabreit.

Jeder kam mit seinem Zahnputzbecher in meine Kammer und wir entspannten uns bei der von uns zu dieser Zeit des Jahres so beliebten »Wodka Sonne«.

Ein erfrischendes Mixgetränk aus Capri-Sonne Zitrone und Wodka mit etwas Eis. Es ist sehr gesund und hilft auch gegen Skorbut.

Die Flasche war rasch geleert (sie war nicht ganz voll gewesen) und wir gingen zusammen aus dem Haus, über die Straße, in einen kleinen Park, in dem praktischerweise ein kleines Restaurant war. Keine zwei Minuten vom Hotel. Einfach spitze!

Fließende Übergänge, so soll es sein. Mein Gott, dieses Glück!

Es war so ein kleines Ausflugsrestaurant und wir bestellten irgendwelche Schniposa Gerichte, ich kann mich aber auch nicht mehr so genau daran erinnern. Dazu Pils! Das alles in Gottes freier Natur. Das Wetter war fantastisch!

Schon bald waren wir in bester Trinklaune und die Sorgen des Alltags schlossen murrend die Tür hinter sich. Wir riefen ihnen zu, sie sollen beim Runtergehen den Müll mitnehmen und sich besser nie mehr blicken lassen, sonst …!

Kai war noch nicht angereist. Da es aus Hamburg per Zug viel schneller ging als die 500 Meilen aus Hagentown, würde er erst am nächsten Tag zu uns stoßen.

Bubi hatte inzwischen den Pegel erreicht, der es ihm und seiner Stimme möglich macht, mühelos seine Sicht der Dinge darzulegen, auch wenn neben ihm ein Jumbojet mit Fehlzündungen startet und ungefähr 30 Leopard 2-Panzer ein Burnout auf einer Kette machen würden.

Das ist keine Übertreibung!

Leute, der schaltet auf Frequenzen, die sind eigentlich durch die Genfer Konvention und die Haager Landkriegsordnung vom 18. Oktober 1907 geächtet, weil sie grausamer sind als alles, was sich ein teuflisches Gehirn überhaupt ausdenken kann.

Stört ihn aber nicht, er kommt dann immer näher an einen ran und trötet, was die Trompete hergibt direkt ohne irgendeinen Umweg in das Ohr seines Opfers.

Selbst wenn eine Band mit hoher Lautstärke spielt und Bubi ein Opfer hinter deinem Rücken in die Mangel nimmt, kann man dem Vortrag Bubis mühelos folgen.

Bubi ist auf der Gitarre sehr behände, aber mit dem Wort ist er noch schneller.

Er war einsam, aber schneller. Unrecht, das war sein Gesetz. Sein Steckbrief hing in Tennessee in Utah und in Laramie!

Rolf unterhielt sich mit Gabi und ich blutete so vor mich hin (aus dem Ohr), während Lars, mit ein paar uns unbekannten jungen Leuten am Nachbartisch, leise in ein Gespräch über die Probleme des Universums vertieft war.

Viel mehr passierte nicht und als wir total besoffen waren, robbten wir zurück zum Hotel auf unsere Zimmer, um uns so richtig vollzukotzen.

(Scherz, Scherz! Wir waren nicht betrunken. Nur beschwipst.)

Der nächste Morgen.

Wir trafen uns zum Frühstück und nachdem wir den Krankenbericht eines jeden abgehandelt hatten, machten wir uns jetzt zu fünft auf den Weg ins Studio. Kai war inzwischen auch eingetroffen und wir waren allerbester Stimmung.

Die Atmosphäre dieser öffentlich rechtlichen Sendeanstalten ist genauso wie die Stimmung, die ihr Name hervorruft.

Öffentlich – Rechtlich – Anstalt – »Hände hoch, keine Bewegung!«

Na ja, man soll sich auch nicht immer beschweren. Die junge Dame, die uns in Empfang nahm, war sehr um uns bemüht und brachte uns gleich zu einer Garderobe, an deren Tür das Logo der Sendung und unser Bandname angebracht waren.

Das ist ein alter Trick: So soll dem sich beim Playback-Auftritt zum Horst machenden Künstler eine Bedeutung beigemessen werden. Nach dem Motto: »He, du bist die Show! Mach ruhig weiter, ist alles nicht so schlimm mit dem Playback! Du bist Deutschland, auch wenn du nicht willst, die andern wollen auch nicht! Das ist voll O.K.«

Da wir aber eiskalte, von allen Hunden des deutschen Showgeschäftes gehetzte Top-Profis sind, entlockt uns die Besorgnis von nervösen Sendeleitern nicht mehr als ein fröhliches: »Fuck you!«

Wir machen das!

Wir machen noch ganz andere Sachen!

Ob 50 plus, ob Force Attack, die Breiten rocken alles weg!

Wir gingen in den kleinen Garderobenraum, stellten fest, dass er nichts von Wert (endlich mal wieder das Lieblingswort auf der Tastatur) enthielt und lümmelten uns, auf unseren Maskentermin wartend, auf dem Flur herum. Maske beim Fernsehen ist auch Maske. Nette Visagistinnen/Visagisten knallen dir jede Menge prestolithaltige Make-up Masse in die zarten, kaum zu sehenden Fältchen, um dich für den Zuhause vor dem Fernsehapparat vor sich hin modernden Zuschauer visuell akzeptabel zu machen!

Wir hatten jetzt alle das Make-up hinter uns und sahen aus wie die Busenwitwe Tatjana Gsell nach einer Gesichtsbesamung. Jetzt sollte es zur ersten Kameraprobe in das Studio gehen.

Da öffnete sich die Tür des Flurs und ich könnte schwören, dass man das Geräusch eines eiskalten Hauchs hören konnte. Ihr kennt das, wenn man den Mund so halb öffnet und die Luft hörbar ausstößt. Wie Wind auf einer menschenleeren Planetenoberfläche.

Durch die Tür trat ein: Johannes Heesters mit Gattin. Er 100 Jahre alt, ihr Alter ist mir unbekannt, aber deutlich jünger.

»Trat ein« ist jetzt auch ein großes Wort, er wurde mehr getragen. Rechts und links von ihm gingen je ein Bodyguard, die ihn höchst respektvoll stützten.

Dahinter, glaube ich, ein Arzt oder Rechtsanwalt oder beides in Personalunion.

Wir waren wirklich beeindruckt. Ich meine, ich bin kein Fan von Herrn Heesters und kenne auch aus dem Stand keinen Film, Operette oder irgendwas, wo ich sagen würde: »Spitze, Jopi, feiste Sache, das!« Bis vielleicht auf den Schmachter »Heut geh' ich ins Maxim.« Ne, auch nicht wirklich! Aber Leute, ein hundertjähriger Mensch hat eine völlig andere wahrnehmbare Aura, eine andere Physionomie.

Der ist noch einen Step weiter als der übliche Gang: Baby, Kind, Jugendlicher, junge/r Mann/Frau, alte/r Mann/Frau, Greis/Greisin, Leiche/Leichin?

Nein! – 100er/100erin!

Wir deuteten einen Gruß an und er erwiderte ihn mit einem huldvollen, aber keinesfalls arroganten Nicken seines Kopfes. Die junge Dame betrat den Flur und guckte uns an. Dann schaute sie auf ihr Clipboard und verkündete, dass sie es sei, die uns jetzt zur Kameraprobe bringen würde. Wir guckten Jopi noch hinterher und sahen, dass er in einem total abgedunkelten Raum mit seiner Entourage verschwand.

Mit dem Geräusch des Windhauchs.

Uhhii! Dunnerlittich!

Wir rieben uns die Augen, schüttelten uns und folgten mit unseren Gitarren der jungen Dame in das Aufnahmestudio, wo schon ein wüstes Treiben herrschte. An die 30–40 Leute, mit den verschiedensten Aufgaben betraut, wuselten durcheinander. Wir von unserer Firma blieben dicht zusammen, um in dem geordneten Tohuwabohu nicht unterzugehen. Die Dame mit dem Clipboard forderte uns auf, ihr zu der für uns eingerichteten Bühne zu folgen, auf der wir die grausame Playbackarbeit verrichten sollten.

Ein Schlagzeug war schon aufgebaut und Rolf machte sich erst einmal bemerkbar. »Bitte machen Sie sich mit der Bühne vertraut, wir nehmen den Auftritt mit vier Kameras auf. Die, die, die und die da.« Sie deutete auf die Geräte, hinter denen Kameramänner mit Kopfhörern standen. Wir winkten ihnen dümmlich zu, sie konterten mit einem Kopfnicken.

»Ich werde Ihnen in einer Minute Carmen vorstellen und dann geht es auch schon los.« Sie schwebte hinfort, mit ihrem Board.

Und da war es wieder, dieses unheimliche Windfauchen, leise aber doch unüberhörbar. Uhhhh!!

»Leute, ich bin hier der Aufnahmeleiter, wenn es Probleme gibt, behaltet sie für euch, ha, ha, ha! Nein, im Ernst, wie wollt ihr das Playback?« Da dieses Mimen zu der eigenen Musik immer irgendwie peinlich ist, hilft einem nur Lautstärke, um die Hemmungen zu besiegen.

»Wir fänden es sehr nett, wenn Sie es brüllend laut machen würden, sonst sieht man uns an, wie scheiße wir es finden, dass wir uns in dieser nebulösen Show zum Affen machen. Danke!«

Natürlich sagten wir das nicht so!

»Wenn Sie es ein bisschen lauter machen würden, wären wir Ihnen sehr dankbar!«

»Kein Problem!« – tritt ab.

Ich sah jetzt, dass ich mich nicht getäuscht oder verhört hatte. Johannes Heesters hatte auf einem der herumstehenden Stühle Platz genommen und flüsterte seiner Frau, die sich über ihn beugte, irgendwelche für uns unverständlichen Sachen ins Ohr.

»Guten Tag, die Herren, ich bin Carmen Nebel!«

Die Moderatorin war auf die Bühne gekommen und begrüßte uns sehr kollegial. Wir plauderten ein bisschen über Harald, der ja nun wegen Demenz im St. Katharinen-Stift abgesafed nur noch mit seinem Teddy sprach. Er hatte bereits die Reise in die Abenddämmerung seines Lebens angetreten.

Das hört sich natürlich alles ganz furchtbar an, aber wer weiß, vielleicht hatte Harald am Ende seiner Tage eine Entdeckung gemacht, welche die Grenzen der normalen Wahrnehmung sprengte.

Auf jeden Fall ging es ihm wohl besser als in der Zeit, als er in einem Berliner Hotel, von Bildzeitungshyänen belagert, mit einer merkwürdigen Schülerin ein Fläschchen nach demselben leerte. Könnt ihr euch noch daran erinnern? Die dicke Schnalle mit unserem Harald? Nein, dann lieber der Teddy.

Wer hat dieses Stofftier eigentlich jetzt? Das müsste bei Ebay ein Vermögen wert (da ist es wieder!) sein.

»Wir werden jetzt die ganze Sache spielerisch durchgehen. Nachdem Sie Ihre Nummer gebracht haben, geselle ich mich zu Ihnen, Herr Havaii und Herr Kleinkrieg, und dann stelle ich Ihnen einige Fragen zur Zusammenarbeit mit Harald. Sie haben ja eine Single, ein Video und mehrere TV Shows mit ihm zusammen gemacht, nicht wahr?«

Kai: »Ja, das ist richtig. Ich habe auch noch Interviews mit Herrn Juhnke anlässlich der Aufnahmen im Berliner Hansa Tonstudio gegeben und da hat man sich kennen und schätzen gelernt.«

Carmen: »Wie war denn Herr Juhnke im Umgang mit Ihnen? Es war ja auch für ihn nicht alltäglich mit einer Rockband, das seid ihr ja, im Studio aufzunehmen!?«

Kai: »Oh, na ja, Harald Juhnke hatte keinerlei Berührungsängste. Er ist halt so wie wir, ein Profi. Er hat sich das Ding vorgenommen und erledigt.«

Carmen: »Herr Kleinkrieg, hat Sie das Zusammentreffen mit Herrn Juhnke beeindruckt?«

St. Kleinkrieg: »Ja, sehr. Es war ja nur eine kurze, aber sehr intensive Zusammenarbeit. Wir haben eine Menge in der wenigen Zeit von ihm gelernt.«

Carmen: »Darf ich fragen, was genau Sie von Harald Juhnke gelernt haben?«

??

Das war jetzt eine Billy Wilder-Frage!

Billy Wilder (1906-2002) hatte mal den Satz geprägt, dass er lieber einen guten Freund verlieren würde, als sich eine Pointe entgehen zu lassen.

Außerdem ist alles akzeptabel, wenn man auf Billy Wilder verweist. Selbst der rassistischste Witz. Wenn Billy das Ding abgesegnet hat, dann ist es O.K.

Und ich war noch nicht einmal mit Carmen befreundet!

ALSO –

St. Kleinkrieg: »Wie man 'ne Bierflasche mit den Zähnen aufmacht!«

Stille – Gelächter der Band – Stille – Gelächter der Kameraleute – betretene Stille – allgemeines Gegröle!

Carmen: »Das machen Sie aber gleich im richtigen Interview nicht, Herr Kleinkrieg, mein Gott, was für ein übler Scherz!« Ich fand es toll, dass sie mich »Herr Kleinkrieg« nannte und verzichtete darauf hinzuweisen, dass ich der »St. Kleinkrieg« bin!

Eine Stimme aus dem Studiolautsprecher verkündete, dass die Technik jetzt so weit sei und mit der »Standprobe« des Playbacks begonnen werden könnte.

Carmen ging ab, drehte sich noch einmal zu mir um und grinste wirklich dreckig. Ich glaube, sie ist ein richtiges …

Wir brachten uns in Positur und warteten auf die Musik.

Die krachte dann unvermittelt aus den vier enorm großen Monitoren mit unerwartet höllischem Volumen und wir legten wie vom Blitz getroffen mit dem Mimen unseres Harald-Duetts los.

Die Lautstärke war den Verantwortlichen im Studio sofort zu hoch, sie stoppten die Wiedergabe innerhalb von drei Sekunden.

Diese drei Sekunden hatten ausgereicht, um das Leben von Johannes Heesters in allergrößte Gefahr zu bringen. Seine sorgfältig gekämmten Haare standen igelartig ab und er schien einen elektrischen Schlag von mindestens 12 Millionen Volt versetzt bekommen zu haben.

»Hum Goottes Willän!«, stieß er mit größter Kraftanstrengung und dem jahrzehntelang gepflegten niederländisch-deutschen Showakzent aus. Dabei bemühte er sich nach Kräften, aus dem Stuhl zu kommen, um das Weite zu suchen. Seine Leute halfen ihm dabei und er verschwand ohne Wind und wurde von uns nicht mehr gesehen. Er hatte aber keinen Schaden genommen. Das kann ich versichern.

Wir probten dann noch drei-, viermal, und das dann bei der Sendung entstandene Interview ist auf der Internetseite des ZDF nachzulesen. Sehr gediegen! Meine Mutter fand uns in der Carmen Nebel-Show von allen am besten. Auch besser als Jopi!

Am frühen Nachmittag waren wir fertig und fuhren ins Hotel, von wo aus wir uns direkt in den Biergarten des kleinen Restaurants begaben, um uns da das Gesicht abzureißen.

Gegen vier Uhr morgens gingen wir dann, nach einem Absacker an der Hotelbar des Hotels *Johann*, auf unsere Zimmer, um uns für den abends stattfindenden Gig auszuschlafen.

Wie der war, weiß ich allerdings nicht mehr.

Wir trafen noch Steve the Machine und Sebastian aus der Berliner Besetzung und es wurde viel gelacht.

Auch Conny Conzack, unser Manager aus der Hilde-Phase, war vorbeigeschneit und man tauschte Artigkeiten aus.

Am nächsten Tag hatte Gott uns wieder vergessen und wir fuhren Heim.

Ich habe aber immer ein schlechtes Gewissen, wenn ich »Nichts ist für immer« höre oder abends der Wind ums Haus geht und dieses eiskalte Geräusch macht.

So wie auf einer menschenleeren Planetenoberfläche.

»Hum Goottes Willän!«

Neulich anne Tanke

Es war irgendein Gig gewesen, der nicht so weit von Hometown entfernt war. Man hatte also das Risiko des Drink & Drive berechnet, war gewarnt worden, hatte die Warnung in den Wind geschlagen und ... gesiegt! Keine Kontrolle, keine Polizei; alles richtig gemacht!

Der Mietwagen war mit seiner kostbaren Fracht an den Tatort des Verbrechens zurückgekehrt und stand nun zum Auftanken an der bekanntesten Tankstelle Hagens.

Bekannteste – jedenfalls für Mietwagenkunden und Unterhaltungsschaffende.

Seit Jahrzehnten steuern wir hier von unserem Verein den Spritttempel in den unmöglichsten Morgen-, Abend- und Überstunden an, um das Fahrzeug, das uns für begrenzte Zeit Hort, Heim und Beförderung war, aufzutanken und an seinen Besitzer, die Mietwagenfirma, zurückzugeben.

In den verschiedensten Zuständen seelischer und physischer Beschaffenheit und zu den verschiedensten Jahreszeiten. Diesmal war es Sommer.

Der Tankvorgang war abgeschlossen und ich war es, der mit der bandeigenen EC-Karte zur Begleichung der Treibstoffschuld schritt.

Diese Tankstelle gibt es schon solange ich unterwegs bin, also auch schon damals zu Zeiten des »Picadilly«. Jenes legendären Nachtclubs, dessen Räumlichkeiten gegenüber der Tankstelle, also auch in der Hindenburgstr., heute von einem Möbelgeschäft entweiht werden. Das dürfte aber nur den rentennahen Bevölkerungsteilnehmern meiner Heimatstadt unter euch noch ein sehnsuchtsvoller Begriff sein. Laaaange vor der »Neuen Heimat«, die das »Pink's Place« ablöste, welches der Nachfolger des »Pic« war und uns dann alle mit in die neue Zeit nahm! Heiliger Boden für Generationen der Hagener Nachtjacken und Schnapsdrosseln.

(Mein Gott, wo sind sie hin, die schönen Jugendjahre ...?)

Zurück zur Tanke und Schluss mit der Romantisierung der Vergangenheit. Obwohl Nietzsche ja sagt: *»Der Mensch lebt nicht für die Zukunft, sondern er lebt dafür, dass er eine Vergangenheit hat!«* Huhuhu!

Diese Tanke gehört zum Aral-Konzern und hat alle betrieblichen Moden und Umbauarbeiten und was weiß ich was für Imagewechsel des Unternehmens mitgemacht. Sie war früher auch beliebter Anlaufpunkt, um an der »Heißen Kiste«, einer Frittenbude extraordinaire, eine doppelte Currywurst mit doppelt Pommes und Zigeunersoße und Gurken zu bestellen. Das gab es nur hier. Nirgendwo habe ich auf meinen verworrenen Pfaden durch unsere Republik ein solches Gericht bestellen können – nirgendwo auf der Welt!

Und glaubt mir, ich war überall!

Jetzt erstrahlte sie im Glanz einer Raumschiffskantinenausstattung und hatte auch »Coffee to Go« im Angebot. Die Geißel der Neuzeit! Also was für schicke, trendy, Party-People, die mit Crack und Ecstasy voll geknallt Knabberzeug und Kippen einkaufen.

Zum Chillen!

Gott strafe sie mit Einsicht, auf dass sie ihr frevelhaftes Treiben ins Unglück stürze und sie Buße tun, im Angesicht des Herrn.

Egal, ich wollte Frieden schaffen, durch Bezahlen, und so näherte ich mich der Kasse in dem gleißend hell erleuchteten Verkaufs- und Kassenraum, der aufs Modernste ausgestatteten berühmtesten Hagener Tankstelle.

»Morgen, die 7.« Der Kassierer musterte mich eindringlich. »Gibt's euch eigentlich noch?« Arhg! Ignorantenpack!

»Natürlich, Alter! Was denkst du denn. Wir werden ja immer besser! Wir kommen ja gerade vom Gig in Weitweg. Da draußen ist doch der Rest der Gang. Wir haben 'nen neuen Vertrag bei der Weltfirma Rodeostar und spielen wie die Erlkönige die Rep. rauf und runter. Hamburg, München, Mannheim, Oer-Erckenschwick. Hier in Hagen sind wir …!«

»Nee, ich meine das da! Da, das!«, unterbrach er meinen Redefluss und zeigt mit seinem widerlichen, knotigen Ölfinger auf meine linke, obere Brust.

»Hab ich schon ewich nich mehr gesehen! Ich frage nur aus rein beruflichem Interesse.«

Es war Sommer und ich hatte ein kurzärmeliges Arbeitshemd mit zwei Schulterklappen und zwei verschließbaren Brusttaschen an.

Über der linken Brusttasche war das Firmenlogo der *TEXACO* angebracht.

***

»Is irgendwas, Stefan? Du bist so still«, fragte mich ein musternder Rolf.

»Nö, lass wacker machen, ich will ins Bett!«

»War doch mal wieder ein super Gig in Weitweg!«, meinte Bubi, der den Wagen auf den Hof der Autoverleihfirma steuerte.

»Ja«, sagte ich, »ein super Gig!«

Das hat sich alles an den Original-Schauplätzen ereignet und sämtliche Personen lebten und leben noch!

Nur der Öltempel, mitsamt der Pommesbude, ist geschliffen.

Heute ist da die Hagener Polizeiwache »Bahnhof« untergebracht.

Der Kampf um Deutschland

Wir rutschen zurück in der Zeit und zwar in das Jahr 1990. Deutschland befand sich in einem heute schon fast vergessenen Schicksalswahlkampf. Wir alle – die Guten – gegen den alten, dicken, schwerfälligen Dr. Kohl. An die Spitze dieser Bewegung hatte sich der zu dieser Zeit sehr populäre Oskar Lafontaine gestellt. Der Mann hatte einen blitzsauberen Sieg in seinem Bundesland hingelegt und war als Kanzlerkandidat der SPD nominiert. Aber wie das manchmal im Leben so ist: Alles deutet darauf hin, dass es klappen müsste, es klappt aber nicht.

Wie bei der Wahl zum goldenen Bravo-Otto, wo wir auf Platz vier landeten und die Folterband UKW mit dem bronzenen Indianer in das damals noch geteilte Berlin zurückfuhr (oder flog). Obwohl, in diesem Fall glaube ich nicht an die Unbestechlichkeit der Wahlhelfer, da war Krummes im Spiel!

Egal, zurück zum linken Oskar.

Clevere Veranstalter und Wahlkampfstrategen bemerkten, dass Oskar einen guten Stand bei vielen Musikschaffenden hatte. So ließen Popmusikgrößen wie Peter Maffay oder Wolfgang Niedecken in Interviews ab und an Floskeln wie »*... mein Freund Oskar*« oder »*... Lafontaine meinte zu mir ...*« fallen.

Da werden Begehrlichkeiten geweckt und die Herzen der Promoter schlagen höher. Das wird das Volk interessieren! Das wird und muss klappen!

Rasch wurde eine Agentur beauftragt und die üblichen Verdächtigen und ihre Helfer ins Verhör genommen.

»Könnten Sie sich vorstellen ... Es geht um ein großes Ziel ... Wir denken, dass Sie doch politisch eher unseren Standpunkt vertreten ...!« und, und, und.

Bim, bam, bum war ein Chor für die gute Sache zusammengestellt, in den auch wir uns einreihten, um dem bleiernen Kanzler den Garaus zu machen. Das war ja gar keine Frage, diese Selbstherrlichkeit und Königsallüren konnten einen wahnsinnig machen und wir dachten, die gute Sache würde siegen.

Denkste, Puppe!

Dr. Kohl, durch die geschichtlichen Ereignisse unbesiegbar geworden, hatte praktisch in Drachenblut gebadet. Wir sollten also jetzt das Lindenblatt sein, durch das Oskar ihn dann erledigen würde. Dr. Helmut Kohl aber stieg aus dem Blutbad und zupfte sich dann das Lindenblatt vom Rücken. Und während er über seine große Brille guckte, bemerkte er lapidar:

»Netter Versuch!«

Dann zerquetschte und zerbröselte er das Lindenblatt mit einer Hand und damit auch die Träume und Visionen von einem Neuanfang Deutschlands, der nicht nur auf D-Mark basierte. Ein wirklicher, ideenreicher Neubeginn in der an Katastrophen so reichen deutschen Geschichte. Was daraus geworden ist sehen wir ja nun.

Aber genug von den geschichtlichen Großereignissen jener Tage, wenden wir uns dem Kern unserer Betrachtung zu. Ich verrate kein Geheimnis, wenn ich hier ausplaudere, dass unser Kai Havaii zu dieser Zeit eine unheilige Allianz mit der bekannten Droge Heroin eingegangen war, schließlich hat er in seiner Autobiographie »Hart wie Marmelade« selbst darüber berichtet.

Hier nun beginnt eine Klamotte, die auch mit unserem Tod oder zumindest mit einer längeren Haftstrafe hätte enden können – auf jeden Fall für Rolf Möller und mich.

Es muss im November 1990 gewesen sein und die bundesweite Konzertaktion »STIMMEN FÜR OSKAR« gastierte in der Hanns-Martin-Schleyer-Halle zu Stuttgart. Wir hatten gerade eine unwirtliche Garderobe zugewiesen bekommen und hingen unsere vom Vorabend noch nassen Bühnenklamotten zum Trocknen auf, als Kai sich über seinen Vorrat von Opiaten hermachte und einen Tobsuchtsanfall bekam. Grund seines lautstark geäußerten Unwillens war die Beschaffenheit des gerade gelieferten Stoffs. Wir waren zu der Zeit auf einer langandauernden Tour und wurden von Drogenhändlern umschwirrt wie das Licht von Motten und anderen Insekten.

Kai zeigte nun sein Zeug, das eher einem harten, grobkörnigen Granulat ähnlich kam als dem puderigen braunen Pulver, das sonst immer im Angebot war.

»Soll ich mir das jetzt als Zäpfchen verabreichen, oder wie ...?«

Wir mussten schallend lachen und zeigten uns erbötig, bei der Zerkleinerung und Pulverisierung des Stoffs behilflich zu sein. Ein Stück Papier wurde über die Klumpen gelegt und dann mit dem Absatz von meinen Cowboystiefeln vorsichtig gemörsert. Und siehe da, so langsam wie das Eichhörnchen sich ernährt, kamen wir einer nasenfreundlichen Konsistenz nahe.

Wir erledigten unseren Auftritt mit der uns eigenen Professionalität und überließen die Bühne dann *Fury in the Slaughterhouse* oder was weiß ich wem und verzogen uns in unsere Garderobe. Lustig an unserer Darbietung war noch, dass Bubi den zu der Zeit so beliebten »Rockstar-Monitor-Schritt« derartig übertrieb, dass er sofort mit dem Tonmöbel in den Fotografengraben verschwand und es nur der Umsichtigkeit seines Schutzengels zu verdanken hatte, dass ihm ein längerer Krankenhaus-Aufenthalt erspart blieb. Auch war die Halle bestuhlt und nach dem ersten Akkord steckten sich die doppelnamigen Damen und pfeiferauchenden Herren ihre Finger in die Ohren. Das war sehr lustig anzusehen.

Zurück in die Garderobe. Langeweile brach aus und Rolf und ich baten Kai, uns für unsere Hilfe bei seinem »Nasenproblem« von seinem Vorrat etwas abzugeben. Ab und zu gönnten wir uns eine sogenannte »Time out Phase« mit dem scheußlichen Zeug. Da wir ja im Verbrauch ziemlich sparsam waren und die Shore bei uns sofort andockte, gab Kai uns zwei sogenannte »Lehrlingsportionen«, die uns sofort erledigten.

In unserer Codesprache stand »ein T-Shirt« für Kokain und eine »Strickjacke« für Heroin. Jetzt hatten wir uns also eine schöne, warme, braune Strickjacke angezogen und die Welt sah ganz anders aus.

Wir strolchten durch die Gänge der Schleyer-Halle und standen auf einmal wie von fremden Mächten geführt vor einer riesigen BMW-Limousine, die mit angelehnter Tür und steckendem Schlüssel in der Einfahrt zum Wirtschaftstrakt achtlos abgestellt war. »*Das ist Oskars Schlitten!*«, bemerkte Rolf, langsamer und bedächtiger als er sonst spricht. Wir hatten uns ja in die Fangarme des Opiats begeben und fühlten uns großartig.

»*Stimmt, das ist die Karre von Oskar!*«, bestätigte ich den Verdacht meines Kollegen und dann sahen wir beide den steckenden Zündschlüssel und die angelehnte Tür, auch das brennende Licht des Innenraumes war nicht zu übersehen.

»*Wenn wir jetzt mit dem Teil 'ne Runde drehen, haben unsere verdammten Imageprobleme bezüglich der ›Neuen Deutschen Welle‹ ein für alle Mal ein Ende!*« Wir überschlugen uns im Denken und guckten uns an: »*Das wäre dann morgen der Bildzeitung einen Titel wert!*«

Liebe Freunde, ich schwöre bei allem, was mir heilig ist, wir waren praktisch schon mit der Schüssel unterwegs, als hinter uns die befehlsgewohnte Stimme eines Sicherheitsmannes von Oskar giftete: »*Was lungert ihr hier rum? Hier ist nichts für euch drin! Seht zu, dass ihr in die Halle kommt!*«

Er kannte uns und unsere Backstagepässe hatte er auch sofort gescannt. Er stand wie diese ganz harten Jungs aus den Filmen leicht nach vorn gebeugt und die rechte Hand am Kolben seiner Dienstwaffe, mit der linken zeigte er auf uns. Unangenehmer Typ, 50 Euro (damals 80 DM) Haarschnitt, gut rasiert und durchtrainiert. Bereit, fähig und willens, uns jeden Knochen im Leib zu brechen!

Wir wichen vor der Gewalt und beschlossen spontan, die nächsten 16 Jahre als Flaggschiff der »NDW« betitelt zu werden und nicht als Rebellen ohne Furcht! Dann schlichen wir in Richtung Bühne. Rolf hatte jetzt ein Buch von Oskar dabei und meinte, er müsse die Gelegenheit nutzen, um sich ein Autogramm des beliebten Politikers zu holen.

Ich wollte mir mal den »Pater Muffel« angucken und so schlenderten wir durch die engen Gänge der Schleyer-Halle. So halb auf der Bühne, auf der Seite, die man vom Publikumsraum aus nicht einsehen kann, standen die Cases mit unserem Hab und Gut und wir lümmelten uns darauf. Sofort kam ein Mr. Wichtig.

»He, hallo, das geht nicht! Hier könnt ihr nicht bleiben! Hier ist Sicherheitsstufe!«

»Verpiss dich, Alter! Das sind unsere Schachteln und wir passen darauf auf! Hier wird geklaut wie nichts Gutes! Draußen wollten schon ein paar Junkies die Karre von Oskar klauen!«

»Na schön, aber lauft hier nicht rum! Und bringt eure Backstagepässe weithin sichtbar an, der BND ist supernervös!«

Peter Maffay war eingetroffen und verbreitete schlechte Laune. Er wollte dies und das und überhaupt ... aber es war ja auch sein Auftritt und der Mann nimmt das nicht auf die leichte Schulter.

Seine Band, eine von allen Hunden des Showgeschäftes gehetzte Bande von abgefeimtesten Top-Profis, konnte nichts aus der Ruhe bringen und so knatterten sie die polierten Lieder des rumänischen Sängers herunter. Der Mann versteht sein Geschäft, das Publikum bemühte sich sofort mit zu klatschen und er strahlte übers ganze Gesicht. Das war definitiv sein Abend!

Peter und Oskar. Zwei, auf die man sich verlassen kann.

Mittlerweile war ich so breit, dass selbst ein halbvoller Mehlsack gegen mich noch zackig gewirkt hätte. Ich saß, nein, ich hing auf dem Schlagzeugcase und kämpfte mit der Übelkeit. In Schüben kam mir der Mageninhalt hoch und ich überlegte, wo ich mich erleichtern könnte,

1.) ohne dass mich jemand sieht.

2.) ohne dass ich meinen Standort verlassen müsste.

Letzteres bestimmt nicht, weil ich den Maffay so spitze fand, sondern weil ich mir eine größere Wegstrecke nicht zutraute. Es half nichts, der Bühnenraum war voller Leute und wenn ich dahin gekotzt hätte, wären die über mich hergefallen wie der Ku-Klux-Klan über einen Schwarzen im Schlafzimmer von Scarlett O'Hara auf Tara!

Ich musste los. Der Zeitlupenritt durch die verteufelt schmalen Gänge der Hanns-Martin-Schleyer-Halle begann. Das Tempo kam einem Traum gleich, in dem man weglaufen will, aber es geht nicht!

Schauderhaft!

Im Hintergrund dudelte P. Maffay irgendwas von »Sonne in der Nacht« und ich dachte noch: »Mein Gott, ist das Metal«

Da tauchte, in etwa 29,5 Metern Entfernung, das erlösende Schild mit dem großen WC und dem Piktogramm für Männer auf, als mir in der Biegung des wirklich schmalen Ganges die komplette Entourage von Oskar, mindestens 15 Mann, BND-Kracher und er selber entgegenströmten. Also fast 16 Mann. Mit dem Männchen für das Klo!

Ups! Mir kam genau in diesem Moment die Kotze hoch. Mit aller Kraft, die der Herrgott mir mit auf meinen verschlungenen Lebensweg gegeben hat, würgte ich den vorwitzigen Mageninhalt wieder runter und ging so schnell ich konnte in Richtung Männer-WC.

Aber diese Rechnung hatte ich ohne die Prätorianer der Bundesbehörde gemacht. »He, he!«, riefen diese.

Sie sprinteten auf mich zu, packten mich mit ihren eingeübten Griffen und ehe ich es mich versah, klebte ich an der Wand des schmalen Ganges wie eine Briefmarke auf einer Weihnachtsgrußkarte.

Ich hatte noch eine Hand vor den Mund retten können, um die unglückselige Fracht, die meinen Körper verlassen wollte, zurückzuhalten.

»Wo willst du hin? Wer bist du? Wo sind deine Ausweise?«

»Mmm mmhhhmh mhm hmhmhmh!?«

Jetzt sah ich auch die hochrote Kugel von Oskar in dem Gedränge der Bodyguards. Er musterte mich eigentlich wohlwollend und sagte, nachdem er meinen flehenden Augenaufschlag in Richtung Männer-WC bemerkt hatte: *»Na, da hat es aber einer eilig! Lasst ihn!«*

Ich nickte wie ein Flummiball und der Griff der Muskelmänner lockerte sich, ja sie ließen ab von mir. Sie hatten natürlich sofort gecheckt, dass sie es mit St. Kleinkrieg in seiner besten Form zu tun hatten und … Ich rannte, nein ich flog, durch die Toilettentür und erleichterte mich bestialisch!

»UhhhaaAHAHAHAHAHAHAHAH!!!«

Glaubt mir, das tat gut!

Oskar und seine vom Steuerzahler bezahlte Gang waren in Richtung Bühne verschwunden und ich trottete ihnen, leicht wie eine Feder, nach.

Ich kam jetzt an die kleine Treppe zur Bühne und sah meinen Kumpel Rolf in dem Gedränge von Musikern und Bodyguards und Veranstaltern und was weiß ich was für Chargen wie ferngesteuert rumwanken. Immer sein Oskar-Buch dabei und fast flehentlich mit leiser Stimme:

»Hallo, Herr Lafontaine, tu mir den Gefallen und gib mir mal ein Autogramm!«

Er hätte den guten Oskar grillen, abstechen oder ihm noch Schlimmeres angedeihen lassen können. Es war unglaublich, er bewegte sich völlig unbehelligt, zwar nicht ganz sicher auf den Beinen, aber doch aufrecht mit dem Buch und … kriegte sein Autogramm!

»Schönen Dank, Herr Lafontaine. Das ist wirklich sehr nett von Ihnen!«

Ich war platt!

Unser jetzt schon in anderen Sphären weilender Tourmanager Michael Brenner (RIP) blies dann zum Aufbruch und alles, was Extrabreit hieß, bestieg unsere »Seekriegsröhre« und wir verließen das Terrain.

Jahre später wurde mir klar, dass ich wieder einmal meiner Zeit voraus war. Während alle anderen Musiker und Bands Oskar noch anhimmelten, hatte ich schon versucht, ihm vor die Füße zu kotzen.

Instinktiv wusste ich da bereits, was alle anderen jetzt erst wissen!

Instinkt, not Intellekt.

MICH KENNT JEDER

Es war ein wunderschöner Tag, so zwischen den Jahreszeiten: Spätsommer, Frühherbst.

Die Blätterwelt hatte einen Goldzauber über sich gestreift und die Sonne polierte diesen unablässig. Zu allem Glück kam auch noch, dass es Sonntag war.

Sonntag in einer kleinen Stadt.

In einem Vorort einer kleinen Stadt.

Die Kirchenglocken läuteten, um die guten und gläubigen Menschen an den Kirchgang zu erinnern. Bald würde in den wohlaufgeräumten Straßen der Gemeinde der Sonntagsbratenduft Hof halten.

Da trafen sich auf der Straße, die zur Kirche führte, zwei alte Freunde. Nennen wir sie der Einfachheit und auch des Datenschutzes halber: Karl und Bernd!

»Mensch, Karl, das gibt es doch gar nicht. Wie lange ist das jetzt her? Ne, wirklich so lange haben wir uns nicht gesehen, ich freue mich. Was machst du denn so immer?«

»Bernd, alte Baracke, hast dich auch nicht die Bohne verändert. Ja, wirklich, so lange ist das schon her. Nein, nein, nein, gibt es doch gar nicht!«

Die beiden alten Freunde freuten sich wirklich und wir wollen uns etwas diskret abseits halten, um ihrem Freudentaumel aus dem Weg zu gehen.

Man weiß ja, dass bei solchen Gelegenheiten auch die sozialen Ränge erst einmal unauffällig überprüft werden müssen, um dann einzuschätzen, mit wem man es da nun wieder zu tun hat.

Während des Begrüßungswiedersehenszeremoniells passierten unablässig eifrige Kirchgänger unsere beiden Freunde und alle, ausnahmslos alle Menschen grüßten Karl!

Die Grußformeln variierten ständig:

»Moin Karl!«

»Hepah, Karl!«

»Hallo Karl!«

»Guten Morgen, Karl!«

»Hallo Karl!«

»Karl, Shalömchen!«, um nur ein paar zu nennen.

»Sag mal, Karl, um Himmels willen, dich scheint ja Hinz und Kunz zu kennen, das gibt es ja gar nicht. Ich wohne schon seit 17 Jahren in dieser Gegend, gleich da in der Elmstraße, aber mich hat noch keiner gegrüßt und ich kenne auch niemanden. Was machst du denn? Bist du berühmt?«

»Ha, ha, ha, nein, ich bin nicht berühmt. Ich bin bekannt! Mich kennt jeder! Auf der ganzen Welt kennt mich jeder. Wenn du das berühmt nennen willst, bin ich berühmt. Aber eigentlich für nichts, was man tut. Ich bin einfach nur Karl und mich kennt jeder Mensch auf Gottes schöner Welt!«

Bernd guckte Karl zweifelnd an, als hinter Karl eine atemberaubende Blondine vorüberschwebte und gurrte: »Karl, Cherie, du bist der Beste!«

Karl lächelte Bernd an und zuckte mit den Schultern: »Ist nun mal so, kann ich nix dran machen!«

Bernd versuchte, seine Fassung wiederzufinden und stammelte: »Gut, ja gut, du bist bekannt, meine Güte, so was?! Aber alle Menschen auf der Welt ...«

»Alle Menschen auf der Welt kennen mich, da gehe ich jede Wette ein!«, unterbrach Karl das hilflose Gestammel seines lange nicht gesehenen Freundes Bernd.

»Das glaube ich nicht!«, rief Bernd fast verzweifelt, denn er hatte sich in all den Jahren ihrer Freundschaft heimlich immer für etwas Besseres gehalten und war nun in seinem Welt- und Wertebild erschüttert.

»Hallo Karl, willst du heute zum Essen kommen?«, rief hinter den beiden eine Frau aus dem Fenster des Hauses, vor dem sie standen, und man konnte ganz deutlich den Rinderbraten riechen, der in der Röhre schmorte.

»Nein, heute nicht!«, antwortete Karl und sagte zu Bernd: »Ich wette mit dir, um was du willst, dass auch der Papst mich kennt. Der Papst in Rom!«

Jetzt sah Bernd Land!

Der Papst, ein ziemlich seniler alter Mann, der sich in seinen langen Brokatgewändern, murmelnd im Weihrauchdampf halb duhn gebetet hatte und sein Areal, den Vatikan, nur in Mega-Begleitschutz verließ, konnte Karl gar nicht kennen! Unmöglich!

»Top, die Wette gehe ich ein! 10.000 Euro!!! Der amtierende Papst in Rom kennt dich nicht! Das sage ich, Bernd Schackanowski, Elmstraße 667 in Weitweg!«

»Na gut«, sagte Karl, dabei lächelte er milde, so ein Lächeln, dem man entnehmen konnte, dass diese Prozedur schon öfters von ihm durchgestanden worden war.

»Aber ich will kein Geld von dir. Wenn du verlierst, und das ist sicher, zahlst du die Reisekosten und damit ist gut!«

Bernd wertete das als Rückzieher und wurde selbstsicherer.

»O.K., ich habe mich von Ulla getrennt und Urlaub habe ich auch noch, von mir aus können wir gleich losmachen. Wie steht es mit dir?«

»Kann mal jemand in meiner Firma anrufen, dass ich die nächsten Tage nicht komme?«, rief Karl mit zu Trichter geformten Händen in die Einfamilien-Häuschensiedlung hinein und ein etwa 30-faches Stimmengewirr antwortete: »Klar, Karl! Wird gemacht!«

»Danke!«, sagte Karl laut, dann legte er seinen Arm um Bernd und fragte, während sie die Straße runtergingen: »Du hast dich von Ulla getrennt? Das ist aber schade. Ihr wart doch so ein schönes Paar!«

Dabei nickte er unablässig grüßend nach links und rechts. Die Kirche war aus und die Gläubigen strebten ihren Heimstätten zu und alle, wirklich alle, kannten Karl und grüßten ihn.

»Na, wo soll es den hingehen, Karl?«, fragte der Taxifahrer, in dessen Droschke sich Bernd und Karl auf dem Rücksitz eingefunden hatten.

»Zum Flughafen, bitte!«, sagte Karl.

Der Taxifahrer lächelte und sah mit einem Kopfschütteln via Rückspiegel auf Bernd und meinte: »Flughafen, wieder einmal nach Rom?«

»Yo, Rom!«, presste Karl hervor, während er sich den Sicherheitsgurt anlegte.

Das gab Bernd zu denken. Sehr zu denken!

»Hey, Karl! Alles frisch im Schritt?«, grüßte der Gepäckträger am Flughafen und das Abfertigungspersonal am Counter rief der langen Schlage von wartenden Menschen zu: »Würden Sie bitte Karl vorbeilassen? Danke!«

Die Leute gingen beiseite und unter »Hi, Karl!« und »Hallo, Karl!«-Grußformeln checkten Bernd und Karl ein.

Dann bestiegen sie das Flugzeug nach Rom und der Pilot meldete sich über Lautsprecher: »Meine sehr verehrten Damen und Herren, ich begrüße Sie recht herzlich auf unserem Flug nach Rom. Ganz besonders allerdings begrüße ich an Bord Karl!«

»Hallo Karl!«, sagten circa 250 Passagiere des Fluges LH602 nach Rom im Chor.

Bernd war in seinem Sessel zusammengesunken und litt an einer Schnappatmung, als die Stewardess Karl fragte: »Karl, Moët ist leider aus. Tut es auch ein Heidsieg?«

Sie waren in Rom angekommen und die Zöllner begrüßten Karl mit: »Buongiorno, Carlo!«

Bernd sah fast alles verloren, doch da schöpfte er Hoffnung. Eine Maschine aus Wien war gelandet und als ersten brachte man einen Rollstuhlfahrer von Bord. Die gelbe

Armbinde mit drei schwarzen Punkten wies den Mann eindeutig als Blinden aus.

Er hatte eine fast schwarze Brille auf und wurde von einem der Zöllner an den Ausgang gefahren, wo ihn wohl jemand abholen sollte.

Bernd dachte: »Das ist zwar nicht ganz fair, aber: Alle Menschen heißt alle Menschen!«

Da kann man keine Diskriminierungen von Blinden im Rollstuhl zulassen.

Die beiden Freunde gingen an dem Blinden vorbei und Bernd öffnete gerade den Mund, um einen Jubelschrei loszulassen, da bewegte der Blinde seinen Kopf und streckte die Nase nach oben, im Stevie Wonder-Rhythmus hooverte er die Luft ein, dass man meinen könnte, das Ansauggeräusch eines 12-Zylinders zu hören.

»Karl? Jesses, Karl, bist du des? Natürlich, der Karl! Grüß dich, ma Liaber!!!«, striezelte er im breitesten Wienerdeutsch.

Bernd sabberte und verlor fast die Besinnung, vor Wut über den Wiener Rollimann.

Er hätte dem Typen eine zwischen die Zähne geben können.

Näher würde er den 10.000 Euro nicht mehr kommen, das wusste er und der Rest der Reise mit Bus und Bahn zum Petersplatz war eine einzige Niederlage für ihn.

»Ciao, Carlo!«

»Hello Charlie!«

»Carlo, com esta?«

Auf dem Petersplatz angekommen, sahen sie eine riesige Menschenmenge vor dem Balkon des Petersdoms versammelt. Natürlich wurde Karl von jedem erkannt und sie einigten sich darauf, dass er einen Hut und ein Moskitonetz tragen dürfe, um die Gegenüberstellung mit dem Papst abzukürzen. Diese Utensilien hatte Karl aus verständlichen Gründen immer am Mann.

Die Menschen reagierten in dieser gottgefälligen Umgebung besonders überschwänglich, wenn sie Karl sahen, und es hätte sonst Tage gedauert, jeden Gruß zu erwidern.

»Also Bernd, ich gehe jetzt in den Dom und bin in knapp 20 Minuten mit dem Heiligen Vater auf dem Balkon!«

»Ja, ja!«, sagte Bernd, der nicht nur Jahre seines Lebens eingebüßt, sondern auch den Glauben an die Menschheit und ihre Angehörigen ziemlich verloren hatte.

Er war, wenn es jemals ein Mensch war, erschüttert!

Es kam wie es kommen musste:

Der Papst stand im vollen Ornat auf dem Balkon. Mit dem krummen Knüppel und dem Kaffeewärmer auf dem Kopf. Die Menschen applaudierten und sahen verzückt zu ihm hoch.

Als er sich dann nach hinten wandte und Karl bei der Hand nahm, seine Arme in den Himmel über dem Petersplatz reckte, ganz so, wie der Schiedsrichter bei einem Boxkampf den Sieger ausruft, schrie er in die Mikrofone: »Mein Freund – Kaaaarrrlllll! Urbi et Orbi! Karl, lebe hoch!«

Da nahm der Applaus einen Schallpegel an, als ob eine Horde Formel Eins-Rennwagen durch dein Schlafzimmer fahren und die Trompeten von Jericho links und rechts in Zweierreihen stehen. Tausende Kehlen schrien: »Hallo Kaaarrrlll!«, und applaudierten.

In diesem Moment sah Karl vom Balkon aus, dass sein Freund Bernd in Ohnmacht fiel und auf dem Petersplatz, zwischen all den Menschen aus hunderten von Nationen, lang hingeschlagen war.

»Bernd, Mensch, Bernd! Was machst du denn? Du warst doch vorbereitet, das kann doch so überraschend nicht mehr gewesen sein. Junge, komm hoch!«

Karl war auf den Platz geeilt und beugte sich über Bernd, der das Bewusstsein wiedererlangt hatte.

»Here's some water, Karl!«, sagte eine dicke Amerikanerin, die in dem Menschenring stand, der sich um die beiden Freunde gebildet hatte. Karl gab Bernd einen Schluck aus der dargereichten Flasche, den dieser gierig trank.

»Nein, ich hatte mich damit abgefunden, dass dich jeder kennt«, stammelte Bernd nun in einer Mischung aus hoffnungslosem Ergeben und resignierter Weisheit.

Dabei wischte er sich die Wassertropfen vom Kinn.

»Jeder, jeder, jeder, auch der Papst! Das war alles keine Überraschung mehr. Aber als mich der kleine Chinese neben mir fragte ›Tschuligung, wel is del Mann neben Kall?‹ hat's mich umgehauen!«

ENDE

Das Rumpsteak

Es war auf der Festivalkampagne 1996, als wir wieder einmal mit einem Nightliner eine Tank- und Raststätte der Bundesautobahn ansteuerten.

Das Touren mit den großen Bussen ist wirklich eine entspannte und komfortable Sache. Man hat sein Bett immer dabei, muss nicht selber fahren oder sich um die technischen Belange einer Reise kümmern, kurz, man kann sich ganz dem Vergnügen hingeben durch die Gegend karriolt zu werden, ohne an irgendwas zu denken. An den Auftrittsorten kann einen selbst die versiffteste Garderobe nicht schocken, man hat ja das traute Heim auf Rädern dabei.

Abgesehen von Kameradenschweinen, die im Vollrausch anderen in die Stiefel pissen, und dem üblichen Pfadfinderblues ist diese Art zu Touren für mich immer das Beste gewesen.

Zurück zur Tanke und Raste. Ich könnte mich selbst unter Folter nicht mehr an den Namen der Tankstelle erinnern, was aber verständlich ist, weil die folgende Schilderung den vorhandenen Speicherplatz voll beansprucht.

Wir enterten also die Raststätte, um was zum Mittag zu essen. Unter den misstrauischen Blicken der Gäste und des Personals nahmen wir an einem Ecktisch Platz, von dem man den ganzen Raum gut überblicken konnte. Die Gaststätte war ziemlich leer und es waren auch keine Leute da, die uns irgendwie gefährlich werden konnten, aber man hat so seine Angewohnheiten. An der Wand und in einer Vitrine hingen und standen gerahmte Bilder, die sofort auf sich aufmerksam machten. Ein leuchtendes Orange oder Gelb explodierte förmlich aus ihnen heraus.

Ich guckte mir das Bild an und erkannte sofort die Kellnerin, die schon die ganze Zeit im Gastraum rumwuselte, neben dem Dalai Lama!

Jetzt näherte sich die Dame unserem Tisch und fragte nach unseren Wünschen. Ich sagte: »Hör'n Sie mal, ist das da auf den Fotos neben Ihnen der echte Dalai Lama oder nur so ein Doppelgänger?« Es gibt ja richtige Agenturen für Doppelgänger. Da könnte man ja mal auf den Gedanken kommen, sich den Dalai Lama zu Omas Geburtstag zu mieten.

»Nein«, sagte sie, »das ist der echte Dalai Lama, der hat hier vor nicht allzu langer Zeit zu Mittag gegessen. Genau da, wo Sie jetzt sitzen.«

P E N G !

Ich war angezählt, es hat mich wirklich ein bisschen gefröstelt. Ich meine, der Dalai Lama! Das ist der Chef einer Weltreligion und mit den guten Mächten dieser Erde praktisch auf du und du. Das ist keine Billigfranse.

Wir standen jetzt alle auf und sahen uns die Bilder genauestens an. Man will sich ja nicht so vorführen lassen. Ich kenne den Dalai Lama nicht, aber das freundliche Gesicht und das entspannte Grinsen auf den Fotos war mir bekannt. Das war der Kerl! Ich war begeistert und sah zu, wieder auf den Platz zu kommen, auf dem der Dalai gegessen hatte, bevor einer der anderen ihn mir wegnahm. Ich wollte jetzt mit der zufälligen Begegnung der kosmischen Art eins werden und fragte die Serviererin: »Was hat der Chef denn gegessen?«

KLICK — KLICK — KLICK!

Jetzt sah man richtig, wie sie die Situation für sich gewinnbringend kontrollieren wollte. Sie checkte ab: Der Kerl fährt auf den Dalai Lama ab, die sind mit dem dicken Liner gekommen, das ist so eine wichtige Kultband aus den 80ern, am Ende sogar Extrabreit, die haben Geld!

Kellnerin: »Der hat das Rumpsteak genommen!«

Meinereiner war sprachlos!

S C H E I ß E!

Wenn einer auf dieser Welt als Vegetarier bekannt ist, außer Hitler – und der hat bestimmt nur wegen dem VegetARIER die fleischlose Kost bevorzugt – dann ist das doch der Dalai Lama!

Der geht doch nicht das Risiko ein, einem längst verblichenen Verwandten auf seinem Teller zu begegnen! Das Rumpsteak war das teuerste Gericht auf der Karte und die alte Tante wollte uns auf das schmale Brett locken.

Wir teilten ihr unseren Verdacht mit und ich war echt enttäuscht von ihrem widerlichen Geschäftssinn in diesem heiligen Moment. Die Magie war weg – mein Hunger auch –, wir tranken einen Kaffee und gingen dann zum Bus. Sebastian, unser damaliger Basser, schenkte mir auf dem Weg zum Bus einen Badge mit dem Konterfei des Dalai Lama.

Wieso hatte der das Teil, ausgerechnet jetzt ...???

Ich steckte den Sticker an und wir fuhren zum Gig. Als ich hinter der Bühne mit dem Badge rumlief, fragte mich einer von irgendeiner anderen Band, wobei er auf den Anstecker deutete: »Eh, Kleinkrieg, seit wann stehst du denn auf Gregor Gysi?«

Ich esse kein Rumpsteak mehr.

Träumen ist süss

Träumen ist süß, doch gefährlich!

Gestern lieferte mir die Post eine Amazon DVD-Bestellung, über die ich mich gleich hermachte. »KRIEG UND FRIEDEN« in der russischen sechs Stunden Version, von dem begnadeten Sergej Bondartschuk. Ich legte das Teil ein und verzog mich mit einer Tasse Nieren- und Blasentee in den hier schon häufiger erwähnten Sterbesessel, um mich von dem cineastischen Meisterwerk aus den sechziger Jahren forttragen zu lassen, in eine längst vergangene Epoche: die Zeit der Napoleonischen Kriege.

In einem nie da gewesenen Aufwand zeigen hier die Kreativrussen, wie man den Yankees auf der Leinwand das Fürchten lehrt. Das sind Kampfszenen mit 16000 Komparsen und tonnenweise Schießpulver, Kavallerieattacken, aber auch russische Seele, großartige Kostüme, Ballszenen und Landschaften und nicht immer dieselben Amiklischees, die uns doch eigentlich allen zum Hals raushängen. Stimmt doch, oder?

Da hat ganz Hollywood strammgestanden, als der Film 1969 den Oskar gewann und was weiß ich noch für Preise. Wenn man schon von großem Kino redet, dann ist diese russische Produktion auf jeden Fall gemeint. Thema beendet!

Aber von dem Film wollte ich eigentlich gar nix erzählen, er gehört nur am Rande zu dieser Geschichte.

Die Russen hatten gerade vor Borodino einen moralischen Sieg errungen, als ich meinen Zweikampf mit

Morpheus verlor. Er nahm mich ganz fest in seine Arme und flüsterte mir zu: *»Komm Kleinkrieg, nur ein Viertelstündchen Bubu machen, wird dich nicht umbringen, sondern gut tun. Jetzt, wo du wieder auf Weihnachtsblitztournee gehst, in deinem Alter!«*

Was, bitteschön, wollte mir Morphy denn damit zu verstehen geben?

Ich bin nicht alt! Auch nicht gebrechlich, ich brauche keinen Mittagsschlaf. Obwohl es sehr schön sein kann.

Diesmal aber nicht. Er schickte mir einen Traum, gegen den das Filmopus vom seeligen Bondartschuk eine Spielerei mit dem Viewmaster war.

Es ging um meine Fanedition. Um meine CD. Um die »BETRACHTUNGEN EINES MITTLEREN CHARAKTERS«.

Ich erspare mir jetzt mal die Details des Traums, sonst brauch ich die gleiche Zeit wie Karl May für seine Jubiläumsgesamtausgabe. Ich komme gleich auf den Punkt.

Also, das von mir für den kleinsten Fankreis herausgegebene Album der Downloads des Jahres 2006 entwickelte sich in meinem Traum zu einem Kultknaller, den es in Deutschland so noch nicht gegeben hatte. Mir war mit dieser unschuldigen Fleißarbeit gelungen, wovon jeder, der ein Album veröffentlicht, nur mit Bettdecke über dem Kopf zu träumen wagt: Ein Knüller wie ein Jackpot von 35 Millionen!

Und das kam so:

Harmlos fing es an, ganz harmlos. Ich lag, wie immer in Ruhephasen, in meinem Sessel und guckte gelangweilt Fernsehen. In irgendeiner dieser gruseligen Livestyle Magazine auf RTL oder so war mal wieder eine rote Teppich Reportage, bei der unter anderem Harald Schmidt gefragt wurde, was er denn privat, so als Harald, im geheimsten engsten Familienkreis für Musik hören würde. Erst alberte Harry so ein bisschen rum, dann setzte er ein nachdenkliches Gesicht auf und ließ ein paar Namen von großen Klassikern fallen … und dann, als ob er Mitleid mit der unwissenden Reporterin, die übrigens nie zu sehen ist, hätte: *»Da gibt es so eine kleine Auflage einer Fanedition. Ganz unscheinbar gemacht, nicht für den großen Markt, eher was für Feinschmecker. Auch nicht so glatt, eher ein bisschen rübbelig. Holzig, möchte man sagen, nicht wahr! Wenn es nicht so charmant wäre. So wie Rockmusik eigentlich gedacht war, warum man sie erfunden hat. Ja, es handelt sich um:* BETRACHTUNGEN EINES MITTLEREN CHARAKTERS von St. Kleinkrieg!«

Ich schoss wie von Witta Pohl geküsst aus meinem Sitz.

»Ja, gute Frau, wenn Sie mich fragen, was bei mir seit acht Tagen im Dauerrepeat im CD Spieler rotiert, kann und muss ich sagen, dieses Meisterwerk des EXTRABREIT Gitarristen Stefan Kleinkrieg kann man gar nicht hoch genug loben, zumal es ja auch nur einem kleinen begrenzten Publikum zugänglich ist.

Ein Kleinod dieses Genres. Man fragt sich allen Ernstes: Ja, schläft denn unsere gesamte Musikindustrie? Warum wurde man nicht schon im vergangenen Jahrtausend auf dieses Jahrhunderttalent aufmerksam? Ich verstehe es nicht, ja, dabei bietet sich der gute

Mann Ewigkeiten wie sauer Bier an, ja? Ich wünsche Ihnen noch einen schönen Abend! Merken Sie sich den Namen, St. Kleinkrieg«, sagte es und verschwand in dem Gebäude, in das der rote Teppich ihn führte.

Mir wurde schwindelig.

Das Telefon klingelte.

»Alter Falter, hasse das grade gehört und gesehen? Sensationell!«, die Stimme kannte ich, hatte sie aber seit Jahren nicht mehr gehört.

»Wer ist denn da?«

»Ich bin's. Der Hans! Weißt du doch, ich war doch in den 80ern dein Labelchef! War doch 'ne dolle Zeit! Die neue Welle! Mensch, jetzt bin ich aber enttäuscht! Dass du mich nicht wiedererkennst. Alles vergessen, mein Bester?«

»Ach der Hans, der uns 1985 vor die Tür gesetzt hat, weil unser Album nur so gerade am Breakeven vorbeigeschrammt ist, obwohl die drei Vorgänger, dank ihrer geringen Produktionskosten, Millionen für seinen Konzern eingespielt haben?«

»Ja, genau der! Und der bringt dich jetzt ganz groß raus! Mit Harald Schmidt im Rücken kann man in diesem Land alles werden, sogar aus Atze Schröder hat der einen ernstzunehmenden Comedian gemacht. Dagegen haben deine ‚Beatmungen eines mittleren Katasters' geradezu beatlesartige Qualitäten. Lass mich nur machen und wir alle werden uns das Geld nur so über den Kopf schütten können! Ich täusche mich selten und diesmal gar nicht!«

Ich hasste diesen Kerl. Aber er kannte das Geschäft mit der Musik wie kein anderer. Immer wenn der Hans anrief, konnte man sicher sein, dass zumindest die Aussicht auf einen Hit hinter der Tür wartete. Ich übergab ihm alle Geschäfte und bereute es nicht.

Das Telefon klingelte unaufhörlich und all die ganzen Gestalten aus der glorreichen Vergangenheit und die neue Milupageneration von Managern, Anwälten und Sternendeutern wussten, wie man jetzt die Gunst der Stunde nutzen müsse und, und, und …!

Ich wurde entdeckt und zwar so gründlich, dass Kolumbus in seinem Grab quittegelb vor Neid anlief. Interviews, Einladungen, Angebote aller Qualitäten türmten sich im Flur des Schlosses, das ich jetzt bewohnte. Es war mir von der Landesregierung NRWs kostenlos zur Verfügung gestellt worden. Einzige Leistung, die ich dafür im Gegenzug zu erbringen hatte, war, dass ich den jeweiligen Bundeskanzler bei seiner Weihnachtsansprache mit der Gitarre begleiten sollte. Drei Marshalltürme in Stellung gebracht, ein Fläschchen Napoleon Cognac eingeatmet und los …! Großartig!

Hans leistete ganze Arbeit und ich war rund um die Uhr damit beschäftigt, einfach nur ich zu sein und dafür Unmengen an Geld und Liebe zu kassieren.

Ich kam dann auch noch in einige Fernsehshows im In- und Ausland. Für »Menschen 2006, 2007, 2008 …«. Ich hatte ein Dauerabo. Die Jahresabschlusssendung wurde von aufgebrachten Zuschauern gestürmt, als ich einmal aus privaten Gründen nicht dabei sein konnte. Ich war Deutschlands einzige lebende Kulturikone. 14 Straßen, sieben Brücken, acht Plätze und der ehemalige Franz Josef Strauß-Flughafen wurden nach mir benannt und umbenannt. Ich gründete eine Stiftung für sterbesesselabhängige Semiprofis und sorgte für die endgültige Verbannung von Dieter Bohlen auf die Insel Am- und Drumrum mit integriertem Sprechverbot!

Mit meinem Enthüllungsroman »Rache für Hillu Schröder« verdrängte ich den Ex-Medienaltkanzler aus den Bestsellercharts und verhalf der gestürzten Ex-Gattin dieses Herrn zu einer riesigen Abfindungssumme, die sie im Gegenzug meiner Stiftung zufließen ließ. Mediendeutschland stand Kopf. Ich brachte ein Gesetz auf die Bahn, welches Millionäre, die nicht in der Lage sind, Spaß an ihrem Vermögen zu haben, ersatzlos enteignet und für immer in die von mir erfundene Sozialkasse »Flick vier« verbannte.

Ich hatte es, verdammt nochmal, auf den letzten Meter geschafft. Ich war zwar kein König, aber doch so etwas Ähnliches.

Das Bundesverdienstkreuz erster Klasse, sonst würde ich es gar nicht erwähnen, der NRW-Verdienstorden, das Ritter- und Mutterkreuz schmückten meine Brust.

Ich eröffnete das Oktoberfest, die Maiwoche und diverse andere jahreszeitenabhängige Festivitäten. Das Leben war gut zu mir und ich fühlte mich hip. Nur das Gesicht hatte vom Dauergrinsen einen unnatürlichen Ausdruck, den mir aber leibeigene Unterwäschemodelle hinfort schminkten.

Ich kürze hier mal den Traum ein wenig ab, weil auch noch einige erotische Komponenten mit Prominenten darin enthalten waren, die ich gerne für mich behalten möchte …!

»Also, poliert ihnen die Fresse und werft sie raus …! Hurrä, hurrä …!«

Ich war wieder wach und hörte diesen Satz von Feldmarschall Kutusow, während er auf einem Schimmel an den siegreichen Russen vorbei galoppierte.

Mein Album war wieder eine unscheinbare Fanedition und Harald Schmidt hatte überhaupt keine Ahnung von meiner Musik und Anwesenheit auf diesem, unserem geliebten Planeten. Kurz und gut, ich lag wieder im Sterbesessel und meine Restlebenszeit stellte mich vor schier unlösbare Aufgaben, die während der Traumzeit noch an Gewicht zugelegt hatten.

»Schade.«

Ich hatte keine Lust mehr zum Filmgucken und zog mich schmollend für eine Stunde in das Internet zurück.

Der Traum ging mir nicht aus dem Kopf und ich musste einige Male schwer seufzen, weil ich ja wusste, wie die Wirklichkeit in der deutschen Medienlandschaft für einen freien Geist wie mich aussieht.

Es war spät geworden und ich machte mich bettfertig, setzte meine Brille auf und griff zu dem Buch, das ich augenblicklich las. »Der Nigger der Narzissus«. Da klingelte das Telefon!

»Ja, hallo?«

»Ja, guten Abend! Ist da St. Kleinkrieg am Apparat? Hier ist Harald Schmidt, Sie kennen mich sicher aus dem Fernsehen. Ich hätte mal eine Frage: Ich schätze Ihre CD BETRACHTUNGEN EINES MITTLEREN CHARAKTERS sehr und wollte sie auch allen meinen Familienangehörigen, deren Freunden, sowie allen Mitarbeitern und allen Polen zu Weihnachten schenken, aber man kriegt die ja nirgendwo ...!? Hallo? Hallo ...«

Ich bin tot. Ich bin ausgestopft. Ich bin ein Sterbesessel!

Trotz schwerster Schicksalsschläge, schmerzhafter Verluste und tiefen Leides bewahre ich mir meine Standhaftigkeit, meinen Willen und verliere niemals den Glauben an mich selbst! Niemals!

Ponderosa-Depression

Liebe Leute,

gestern Abend habe ich mir mal die Tonträger mit meinen gesammelten Werken und ein Quantum Trost in Form von Wodka-Kirsch vorgenommen.

Gutgelaunt und nicht mehr ganz nüchtern hörte ich mir dann das ein oder andere Stückchen an und saß tränenüberströmt hinter meinem Mischpult, in der einen Hand die Zigarette, in der anderen den Wodka-Kirsch. Geradezu überwältigt von meiner ureigenen Schaffenskraft und meinem Genie.

Das aber nur am Rande, denn der heutige Tag war dann der Realität und Reue gewidmet. Bußfertig verkroch ich mich vor den Fernseher in meinen Sterbesessel und machte das, was ich wirklich gut kann – TV glotzen. Da ich ein begnadeter TV-Konsument bin, empfange ich naturalmente »Premiere«.

Ich lag also da so vor der Idiotenlaterne und ließ mich bescheren. Die Wahl meines Kanals war »Premiere-Nostalgie« und wegen meiner Konditionsprobleme konnte ich auch nicht mehr auf andere Stationen wechseln. Ich sah also das Zweiter Weltkrieg-Drama »Nacht fiel über Gotenhafen«, was mich nicht so richtig erbaute.

Danach kam aber »Bonanza« und das war ein ganz anderer Stoff. Da konnte ich doch mitreden, das war doch meine Zeit!!

»Dengdegedegdegdeng ... BONANZA!!!«

Ich erinnerte mich an die Sonntage meiner Kindheit. Man freute sich auf Bonanza, aber wenn es dann vorbei war, war das Wochenende unwiderruflich zu Ende und die abgefuckteste Sache der Welt erhob ihr hässliches Haupt. Die neue Woche. Die Schule. Die NDW – Neue Deutsche Woche!

Nach der Schlussmelodie revoltierte sogar heute Morgen bei mir der Magen. Ich musste kotzen. Kann man mal sehen, wie tief das sitzt.

Dabei war es eine wirklich lustige Episode aus dem bewegten Leben der Familie Cartwright.

Leider habe ich nicht die ganze Kiste mitgekriegt, weil ich noch bei »Nacht fiel über Gotenhafen« die Hände vor mein Gesicht gehalten habe. Es war diese schreckliche Szene, in der sich der Funker mit dem tragbaren Funkgerät in den … »Tod abmeldet«! Furchtbar!

Habe danach die Küche für ein Frühstück aufgesucht und kam erst wieder auf die Ponderosa, als Little Joe schon das Augenlicht verloren, aber eine blinde Blindenlehrerin gewonnen hatte. Die brachte ihm in ermüdenden Wiederholungen die Tricks und Lebenshilfen der Blinden bei.

Little Joe durfte aber aus pädagogischen Gründen nicht wissen, dass die schon ältere Dame auch an Blindheit litt. Als er sich dann nach der gesamten Sendezeit mit seinem Geschick abgefunden hatte und nun seinerseits auch Blindenlehrer werden wollte, wachte er nach einer durchstudierten Nacht auf und konnte wieder sehen.

Schockschwerenot! Hoss sah nach der frohen Nachricht so verheult aus, als hätten sie ihm von der Maske zwei

Monate alte Biozwiebeln in die Augäpfel gesteckt. Nur Pa hatte den gleichen sparsamen Gesichtsausdruck wie immer und grummelte vor sich hin.

Jetzt wollte Little Joe seine Lehrerin sofort davon in Kenntnis setzen, dass er über Nacht eine weitgreifende biologische Veränderung durchgemacht hätte. Er stürmte durch die Ponderosa, jetzt wieder lächelnd und voller Kraft. Raus auf die Terrasse und dann der Alten die Kunde gesteckt. Dabei fand er dann raus, dass die Lehrerin auch blind ist.

Wahrscheinlich hat Hoss ihm unten am Bildrand, wo man es nicht sehen kann, die Zwiebeln gegeben, denn der heulte dann los wie ein abgesprengter Hydrant.

Ich musste jetzt pissen und habe danach in der Küche nach was Leckerem gesucht. Habe also nicht mitgekriegt, ob die gute Alte von den Cartwrights noch irgendeine Dotation erhalten hat.

Ich wollte wieder ins Wohnzimmer, aber da lief der Abspann mit dem berühmten »Dengdegedeng ... Bonanza!!!« Ich musste kotzen, wegen meiner verkackten Kindheit und vielleicht auch wegen der Wodka-Kirsch Zuteilung gestern Abend/Nacht.

Als ich mir den Schmodder aus dem Mund spülte, habe ich noch so gedacht: Was fand man eigentlich an seiner eigenen Familie so beschissen, dass man auch gerne ein Cartwright gewesen wäre? Und warum zum Teufel hat man sich einen solchen Schwachsinn jeden Sonntag wieder angesehen?

Man ist halt immer wie viele Menschen. Je älter man wird, desto mehr kriegt man von sich mit – wenn man Premiere und Zeit hat, es zu gucken!

Ich fahre jetzt in die Rockranch zur Probe – ich wünschte es wäre die Ponderosa.

Mit Hop Sing oder wie der Koch bei den Herren hieß.

Das wird die Zukunft!

Diesmal erzähle ich nicht von Ach und Weh, oder wie es einmal war, sondern davon wie es einmal sein wird.

Ich verlasse die Echtzeit, begebe mich an Bord des schnellen Raumkreuzers Phantasie und hebe ab in das Jahr 2027.

Was heute noch wie ein Märchen klingt, kann morgen schon Wirklichkeit sein.

2027: St. Kleinkrieg ist nach einer gleichmäßig im unteren Bereich der Medienlandschaft verlaufenden Karriere in die Künstlerkolonie *Gitarre, Elek.* aufgenommen worden und ihm wurde ein kleines Eckzimmer in einer heruntergekommenen, ehemaligen Kaserne der NVA zugeteilt, das er aber nur sehr kurz und mit Unterbrechungen bewohnen wird.

Die Einrichtung wurde nach der deutschen Wiedervereinigung, 1989, von der Roten Armee in einem erbarmungswürdigen Zustand an die deutschen Behörden übergeben.

Diese beauftragten einen ortsansässigen Ordnungsdienst, um für die Sicherheit des Objektes zu sorgen und dachten die nächsten 38 Jahre nicht mehr an das ehemalige Heim russischer Besatzungssoldaten. Bis sich die *Blühenden Gärten* des Dr. Helmut Kohl als Luftschlösser entpuppten und Deutschland eine Sozialamtswüste wurde, die von in Lumpen gehüllten Greisen mit unsicherem Schritt bewohnt wird.

Wenige junge Menschen bringen eine Rentenlast für ganze Völkerscharen von Alten, Kranken und Schwachen auf und im Land gärt der Ruf nach Vergeltung für den sorglosen Umgang mit der Zukunft ganzer Generationen.

Die Partypeople und die Generation Golf bekommen die Quittung für ihre Coolness.

Mit dabei, zwar unverschuldet, weil immer für sich selbst sorgend und neben allen Vermögend wirksamen Sparmaßnahmen existierend – St. Kleinkrieg, ehemals Gitarrist der Band Extrabreit sowie Liederschreiber und Herausgeber diverser Soloplatten.

Das Komitee *Künstler/Komödianten* hat ihm nach einer 11-jährigen Wartezeit ein Zimmer in der Künstlerkolonie zugewiesen.

Das wurde auch nur durch einen glücklichen Zufall möglich, denn in dem Komitee, welches für die Vergabe von Zimmern in diesen Einrichtungen verantwortlich zeichnet, saß glücklicherweise der ehemalige Bassist der Gruppe Extrabreit: Lars Larsson.

Als studierter Theologe, Musiklehrer und ehemaliger Künstler eignete er sich ganz besonders für eine verantwortungsvolle Aufgabe, wie die Vergabe der begehrten Pensionszimmer für:

Ehemalige Gaukler/Komödianten/Kapellenmusiker

»Mein Gott, Stefan!« Das waren die ersten Worte, die ich seit einer Ewigkeit von ihm hörte.

Er hatte einen modern geschnittenen Anzug an und eilte mit ausgestreckter Hand hinter seinem Hightech-Schreibtisch hervor, um mich zu begrüßen.

In diesem Moment wurde ich ohnmächtig.

Ich hörte aus der Ferne Stimmen, die ganz aufgeregt klangen und spürte einen leichten Schmerz.

Im Gesicht.

Das war verständlich, denn wenn einem ein aufgeregter Ex-Bassist immerzu in die Schnauze schlägt und dabei »Hallo, Hallo!« ruft, tut das nun mal weh.

»Lass es, Lars! Grundgütiger, hör auf mich zu schlagen, bin ja wieder an Bord, bin ja schon da!«

Ich hatte das Bewusstsein wiedererlangt und nach kurzer Orientierung wusste ich schließlich auch, wo ich mich befand.

Im Büro für die Vergabe von Pensionszimmern für:

Ehemalige Gaukler/Komödianten/Kapellenmusiker

»Das ist ja eine schlimme Sache mit dir, Stefan, dass du so abgestürzt bist, wusste ich ja gar nicht. Ich werde natürlich alles tun, was in meiner Macht steht, um dir wieder auf die Beine zu helfen. Jetzt komm erst mal hoch und setz dich. Ich werde dir mal was zu trinken bringen lassen. Hast du Hunger? Mein Gott, sicher. Du hast sicherlich seit Tagen nichts mehr gegessen!«

Das gleiche menschenfreundliche Gesülze wie schon seinerzeit, Annodunnemal!

»Ich könnt 'nen kleinen Schnaps vertragen, mein Bester, und wo du schon mal die Spendierhosen anhast, 'ne Zigarette wäre famos!«

»Ha, ha, na wer sagt es denn, der gute Kleinkrieg – immer noch der Alte. Nein, Schnaps, das weißt du doch, ist für Personen über 60 Jahre strengstens verboten und das Rauchen, mein Lieber, das sollte dir aus unserer Bandgeschichte doch eine Warnung für's Leben gewesen sein. Ist er eigentlich schon wieder frei, oder lebt er etwa gar nicht mehr?«

Ich wusste natürlich sofort, auf was der alte Gesundbeter da anspielte.

Die Deportation unseres Sängers Kai Havaii in das Nichtrauchergefängnis Magdeburg 7. Der schlimmste Platz auf dieser Welt für einen Kettenraucher.

»Soviel ich weiß, ist er noch am Leben und wieder auf freiem Fuß. Er soll aber seinen Namen geändert haben. Aber genug über die anderen, Lars, du musst mir helfen. Ich brauche eine Bleibe, sonst werde ich entsorgt. Bitte hilf mir!«

Ich setzte auf die gute alte Mitleidsnummer, die mir schon so oft geholfen hatte, und rutschte auf den Knien mit hoch in die Luft gereckten Händen hin und her.

»Ist ja gut, ich werde sehen, was ich machen kann. Herr Schacht, kommen Sie doch mal bitte herein!«

Den letzten Teil des Satzes hatte er etwas lauter gerufen und sofort öffnete sich die Tür des angrenzenden Raumes.

»Sie haben gerufen, Herr Larsson?«

Mir klappte die Kinnlade runter, im Türrahmen erschien, zwar in die Jahre gekommen, aber doch unverkennbar – die Visage des »Jungen mit der Gitarre«!

»Ja, Tobias, rufen Sie mal den Sicherheitsdienst. Wir haben es hier mit einem besonders schweren Fall zu tun!«

»Das ist doch nicht euer Ernst, Kinder, die Schergen brechen mir doch alle Knochen. Tobias, lange nicht gesehen! Sag ihm, er soll das nicht machen, ich war doch immer gut zu dir. Mensch, Lars, das darfst du nicht tun!!!«

Ich war außer mir. Mein alter Bandkumpel wollte mich der groben Behandlung von Sicherheitsbütteln übergeben und das auch noch in Anwesenheit des 2003er Vorprogramms »Der Junge mit der Gitarre«. Ich verstand die Welt nicht mehr, eben noch wollte er mir helfen auf die gute alte Larsson-Art und jetzt wollte er mich umbringen.

»Beruhige dich«, sagte Lars, »du weißt doch, dass Personen über 60 Jahre der besonderen Beobachtung zu überstellen sind. Besonders, wenn sie in ihrem Leben kinderlos und freiberuflich waren.« Er flüsterte mehr, als dass er sprach.

»Der Sicherheitsunteroffizier, der jetzt kommt, ist dir ja auch kein Fremder. Es ist Rolf Möllers Sohn und wir können ihm vertrauen. Du machst nur den üblichen Gesundheitscheck und ich besorge dir in der Zeit die nötigen Unterlagen für die Altenkünstlerkolonie *Gitarre, Elek.* Keine Angst, Stefan, das haben wir schon mal gemacht!«

Er zwinkerte dem ehemaligen »Jungen mit der Gitarre« zu. Der nickte heftig.

Ich hatte aber Angst. Schon öfters hatte ich gesehen, wie junge, vor Kraft strotzende Menschen Leute meiner Altersgruppe in die Mangel nahmen. Das war nicht schön.

Meist waren es Angehörige einer illegalen Milizeinheit, die auf dem Ärmel ein Abzeichen trugen, auf dem die Silhouette eines Greises prangte, der mit einem roten Balken durchgestrichen war.

In einem Spruchband, das den Rücken ihrer schwarzen Kampfmontur zierte, stand in silbernen, altdeutschen Buchstaben: »Sterbehilfe statt Rente«

Nein, ich hatte kein Vertrauen mehr in meine Mitbürger. Sicher, ich war mittlerweile 71 Jahre alt. Das war älter als alt und seit sie das Grundgesetz 2019 dahingehend geändert hatten, dass über 60-Jährige nicht mehr wählen durften, waren wir praktisch Freiwild geworden.

Ironischerweise hatte sich der alte Spruch »Traue keinem über 30« in »Traue keinem unter 60« gewandelt. Es war hart in diesen Zeiten, wo man, schon vor dem himmlischen Jüngsten Gericht, hier auf Erden Zeugnis ablegen musste, wie man seine Zeit verbracht hatte.

Als individueller Freigeist oder als hamsterndes Familientier, das für den Winter des Lebens bestens gerüstet sein wollte.

»Ach ne, was haben wir denn da für ein unappetitliches Stück Gammelfleisch?«

Die Türfassung war ausgefüllt mit einem riesigen Muskel, der genau so aussah wie mein alter Kollege, Rolf Möller, nur zehnmal größer.

»Pst, Robin, das ist Stefan. St. Kleinkrieg. Der mit deinem Vater und mir bei Extrabreit gespielt hat!«, sagte Lars und schob ihn in das Zimmer. »Wir müssen ihm helfen, wenn er nicht die Bleibe in der Altenkünstlerkolonie bekommt, wird er entsorgt.«

»Ja, sie wollen mich entsorgen«, stammelte ich.

Ich konnte mich nicht mehr wirklich an Robin erinnern, aber er war immer ein netter Kerl gewesen. Jedenfalls hoffte ich das.

»Richtig schade wäre es ja nicht, aber wegen Papa und Ihnen, Herr Larsson, noch einmal!«

Er kam auf mich zu und drehte mir die Hände auf den Rücken, fixierte sie mit Handschellen und sagte: »So, vorwärts!«

Ich konnte mich gerade noch einmal zu Lars umdrehen.

Das hätte ich besser nicht getan.

Das Letzte, was ich von ihm sah, war ein teuflisches Grinsen und wie er dem feixenden »Jungen mit der Gitarre« den Schumidaumen hinhielt.

Die Gänge der Behörde waren endlos, doch nach circa zehn Minuten erreichten wir eine Doppeltür, die auf einen umzäunten Parkplatz führte. Robin schob mich auf einen dunkelgrünen Einsatzwagen der Dienststelle zu, in dem ein etwa 19-jähriger Wachmann vor sich hindöste.

»Wünsche gut geruht zu haben, Herr Wachmann!«, fauchte ihn der kleine Möller an und der Gemaßregelte zuckte zusammen wie ein Zitteraal auf Land.

»Guten Tag, Herr Unteroffizier, habe nur mal nachgedacht«, stotterte der Mann, mit dem ewigen, entschuldigenden Tonfall der gequälten Kreatur.

Ich dachte: »Schöne neue Welt, eigentlich wird es wirklich Zeit, den Planeten zu verlassen. Die Gören benehmen sich wie …!«

Weiter kam ich nicht. Robin sagte: »Kleinkrieg, du gehst nach vorne, ich sitze hinter dir. Je weniger Theater du machst, desto schneller haben wir die Checkerei hinter uns. Es sind nur circa 15 Kilometer.«

Er drückte mir den Kopf runter, sodass ich ohne mich anzustoßen einsteigen konnte, schaltete den Beifahrer-Airbag mit einem süffisanten Grinsen aus und kletterte selber auf den Rücksitz.

»Abfahrt, Gesundheitscheck!«

»Jawohl, Herr Unteroffizier!«, schrie der Wachmann und startete das Fahrzeug.

Ich saß recht unbequem, wegen der Handschellen, und mir fiel ein, dass die Überführungsfahrten laut Bildzeitung eine Verlustquote von 36 Prozent hatten, seit sie die Airbags für Probanden ausschalteten.

Das sparte nicht nur Rente und Sozialhilfe, auch die Kosten für die Gesundheitschecks waren um knapp ein Drittel gefallen.

»Herr Wachmann, das wird hier keine Verlustfahrt, der Mann kommt an!«, blaffte Robin den jungen Fahrer an.

»Jawoll, Herr Uffz, habe Sie verstanden!«, gehorchte der Mann und schaute etwas länger als nötig in den Rückspiegel.

In der Dichte der vorangegangenen Ereignisse hatten die Jungens auf eine Leibesvisitation verzichtet und ich plante schon mal das Szenario voraus, mit dem ich mich auf die Toilette verdrücken konnte, um meinen letzten Trumpf auszuspielen.

Ich hatte mir auf dem schwarzen Markt eine Sofortspritze mit Botox besorgt und wollte mich für den Gesundheitscheck auf jeden Fall optisch ein wenig auf Vordermann bringen.

Das war ein gängiges Prozedere für alte Knaben wie mich und ich hatte nur meine Uhr und mein Zahngold, welches der Schwarzhändler mir eigenhändig entnahm, dafür gegeben. Ein Spottpreis! Die Spritze hatte ich in meiner Lederjacke wohl verwahrt.

Die Fahrt verlief ereignislos und da ich eh nicht wusste, wo die Untersuchung gemacht werden sollte, war ich auch nicht überrascht, als wir auf einen Wirtschaftshof einbogen und Möller Junior verkündete: »Geschafft, wir sind da.«

Ich guckte aus dem Wagenfenster und wäre beinahe zur Salzsäule erstarrt.

Eine überdimensionale Werbetafel zeigte das jugendliche Gesicht von Rolf Möller, mit dem breitesten Grinsen aller Zeiten. Er hatte nebeneinander zwei Goldzähne und blonde Haare, war braungebrannt und meiner Meinung nach war er nicht die Spur gealtert. Er sah aus wie zu seinen besten Zeiten.

Er streckte auf dem Bild die beringten Finger aus und in pinkfarbener Neonschrift stand auf der Tafel:

Rolf Möller präsentiert: »Willkommen bei Klinik Roulette – das TV-Spektakel, das an die Nieren geht.«

Jetzt wusste ich, ich war im Arsch!

Der Ton meiner Begleiter hatte sich sofort bei der Ankunft auf dem Wirtschaftshof des mir unbekannten Gebäudes geändert. Der »kleine« Möller fauchte den Wachmann an, er solle die »Kalkleiste«, also mich, in den Auffangraum bringen, er selbst würde die Prämienformalitäten abwickeln.

Zwei identisch uniformierte junge Kerle eilten herbei, um dem Fahrer behilflich zu sein. Sie lösten meine Handfesseln auf dem Rücken und klickten sie vorne vor dem Bauch wieder zusammen, dann schoben sie mir ein etwa 1 ½ Meter langes Stahlrohr zwischen Rücken und Ellenbogen, sodass sie mich bequem beim Gehen hochheben konnten.

Dann gingen sie los. Selbst wenn ich es versucht hätte, die Geschwindigkeit ihrer Schritte zu drosseln, es wäre nicht möglich gewesen. Die leiseste Verzögerung in der Schrittfolge hatte sofort einen recht schmerzhaften Lift zur Folge. Also trippelte ich, was die 71 Jahre alten Knochen hergaben, meinem ungewissen Schicksal entgegen.

Wieder endlose Gänge und Flure, beschäftigte junge Menschen eilten geschäftig an mir vorbei, ohne auch die geringste Notiz von meiner misslichen Lage zu nehmen.

Nur eine sehr junge, wirklich sexy aussehende Frau sagte zu den beiden Schergen, die mich durch die Gänge lifteten: »Muss das denn immer so brutal abgehen? Das verdirbt einem ja die Mittagspause!«

Mit viel Mitgefühl konnte ich hier also nicht rechnen, und weil ich im Oberstübchen immer noch einigermaßen fit war, wusste ich jetzt auch, wo ich mich wahrscheinlich befand.

Es war das berühmt-berüchtigte »Fernsehstudio des Grauens«, wo die verdammenswürdigste Show der gesamten Menschheitsgeschichte produziert wurde: »Klinik Roulette«.

Eine Mischung aus Roulette, Bingo und Glücksrad, eine ins 21ste Jahrhundert importierte Version von altrömischer Samstagabendunterhaltung. Arme, unheilbare Menschen, die das 60ste Lebensjahr überschritten hatten, traten in einem menschenunwürdigen Szenario gegeneinander an und spielten um ihre transplantierfähigen Organe.

Also, jemand, der seit Jahren eine neue Niere braucht, setzt einen Lungenflügel und spielt in einer Runde gegen jemanden, der eine Niere entbehren kann.

Der Clou bei der Sache ist, dass die Gewinne vor Ort ausgeschüttet werden. Will heißen: Die Operationen werden unter dem Gejohle des zumeist hemmungslos betrunkenen Publikums aufs Bestialische ausgeführt. Nicht selten endet das mit dem Tod eines Kandidaten und der ausgeweidete Körper wird dann unter den siegreichen Mitspielern für ein Finalfoto drapiert, welches dann in der folgenden Woche in der TV Programmzeitschrift zu sehen ist.

Mit einer Unterschrift wie zum Beispiel: »*Viel Spaß hatten letzte Woche die Kandidaten von Klinik Roulett, bis auf Jochen Kenschinszki, der, neben seiner Milz, auch das Leben verlor!*«

Hier war ich also gelandet und ich konnte mir ausrechnen warum. Larsson war zwar noch nicht in der Nähe von 60, aber unaufhaltsam läuft die Sanduhr und auch er musste für sein Alter private Vorsorge treffen. Die neusten gesetzlichen Bestimmungen besagten, dass alle vier Jahre ein Vermögenscheck durchzuführen ist, bei dem die Restlebenszeit bewertet wird.

Also je mehr Kohle, desto länger auf der Sohle!

Er hatte mich also verschachert, für eine Prämie. Die musste er auch noch mit Robin teilen, der musste wiederum dem Fahrer etwas davon abgeben. Ja, um Himmels Willen, was war ich denn noch wert? Und wie zum Teufel hatte es Rolf Möller geschafft, der Präsentator dieser verabscheuungswürdigen Show zu werden? Und was zum Teufel steckte dahinter, dass er aussah wie Anno 1980 und ich wie eine alte Spätkartoffel?

Die Handfesseln wurden mir abgenommen und ich wurde in ein Zimmer geschubst. Viel sehen konnte man nicht, da die Räumlichkeit, die etwa die Größe eines Klassenzimmers hatte, im Halbdunkel lag. Meine Augen gewöhnten sich langsam an die Lichtverhältnisse und ich merkte, dass ich nicht alleine war. Da hörte ich auch schon die Stimme, die ich nie vergessen konnte: »Kleinkrieg, bist du es?«

»Ja, ich bin's, oder besser das, was von mir übrig ist.«

Die ganze Aufregung und der Transport, auch wenn es nicht so lange dauerte, hatten mich doch ein wenig von der Rolle gebracht. Ich war schließlich 71 Jahre alt und seit

1978 im Geschäft. Geschäft! Ja, mein Gott, was ist das für ein Geschäft gewesen! Wenn man sich ansah, was aus der guten alten Rockerei geworden war, wollte man nur noch speien.

Natürlich gab es auch zu unseren Hochzeiten den von uns so verdammten Patientenrock. Grausame Oberschüler, die sich mit »Innovation« und »Sofistikatit« rausredeten, weil sie nicht rocken konnten. Sie hatten aber immer bessere Karten als wir, weil ihre Oberschülerfreunde direkt von der Schülerzeitung in die Redaktionsstuben der Musikzeitschriften wechselten. Dort quälten sie sich und ihre Mitmenschen mit unverdaulichem Zeug und wenn nur der Verdacht von Spaß und leichtem Leben aufkam, war es sofort »uninspiriert« und »prollig«.

Gott schütze sie, sie waren echt drollig. Mit diesen roten fiesen, von Tintenflecken überzogenen, Geha-Füllerabdrücken verunzierten Zeigefingern und dem sie ständig begleitenden Geruch von Kopierflüssigkeit aus den Vervielfältigungsgeräten ihrer Schulen. Meist redeten sie über Frauen, die sie niemals bekommen würden, und wussten alles, alles besser als unsereiner. Heute, im Zeitalter der Wichser, kann man sie natürlich nicht mehr an solchen Stigmata erkennen. Sie erfanden den Laptop, um sich zu tarnen.

Sie waren es auch, die ihre Freunde, die Jura studierten, darauf aufmerksam machten, dass im Rock&Roll gut und leicht Geld zu verdienen sei. Wo so etwas hinführt, sieht man ja im Sport. Funktionäre und Wichser, wohin man schaut.

Ich schweife ab, aber manchmal geht es mit mir durch; zurück in den Auffangraum.

Ich kannte diese Stimme und versuchte – meine Augen hatten sich noch nicht an das Halbdunkel gewöhnt – in die Richtung zu kommen, aus der ich sie vermutete. Ich sah die Umrisse eines Krankenhausbettes, mit den typischen Aufbauten für die Hantel, an der sich der Patient in eine aufrechte Lage ziehen konnte, und dem Stativ für den Tropf.

Das Bett war belegt, der Mensch, der darin lag, hatte eine Hand an der Hantel und versuchte, sich in eine aufrechte Sitzposition zu bringen.

»Hier bin ich, Stefan, hier!«

Es war Bubi, der Flitzefinger aus Hohenlimburg, mein Gitarrenpartner in den letzten Jahren beim guten alten Mutterschiff Extrabreit. Diese Stimme gab es im gesamten Universum nur einmal. Er sah echt mitgenommen aus. Schweißperlen standen ihm auf Stirn und Wangen, nein anders, der Schweiß lief ihm in Strömen vom Gesicht, das kalkweiß und mit roten Flecken überzogen war.

»Mensch, Bubi, was machst du denn hier und wie bist du hierher gelangt?«

»Ach Stefan, ich bin ja so froh dich zu sehen, bei mir steht es gesundheitlich nicht gerade zum Besten. Ich bin froh, dass ich das Bewusstsein wiedererlangt habe.

Wie ich hierher komme? Tja, ich sollte entsorgt werden, weil ich keine Bleibe mehr hatte. Da habe ich mich an das Komitee für die Vergabe von Pensionszimmern für *Ehe-*

malige Gaukler/Komödianten/Kapellenmusiker gewandt, wo ich unseren alten Basser Lars Larsson wiedertraf. Ich dachte schon, ich wäre gerettet, aber dann hat er mich für eine Prämie, die seinem Lebensvermögen angerechnet wird, an diese Show verschachert.«

Er musste abbrechen, denn ein Schwächeanfall zwang ihn in die Kissen zurück.

»Langsam, Bubi, langsam.« Ich nahm das Handtuch, das am Kopfende des Bettes hing, und tupfte ihm den Schweiß vom Gesicht.

»Ja, und dann habe ich gespielt, in dieser grausamen Show. Du weißt doch noch, dass ich immer Probleme mit dem Magen hatte. Sodbrennen und so. Tja, wie das so ist, ich hatte kurzfristig Glück. Ich habe einen neuen Magen und eine Speiseröhre gewonnen. Mir ging es blendend.«

»Ja, und dann?«, fragte ich erschüttert.

»Ja, ich konnte nicht genug bekommen und spielte weiter.«

»Was ist passiert?«, hakte ich jetzt ungeduldig nach.

»Ich habe die Runde *Extremitäten* gespielt und verloren!«

Bubi hauchte jetzt nur noch, dann schlug er die Bettdecke weg und ich sah die frisch operierten, vereiterten Stümpfe seiner beiden Beine.

Wer wird denn hier weinen

Wer wird denn hier jammern

Wer will sich denn

an die Organe hier klammern

Ziemlich schief, aber dafür umso lauter, hallte der Finalsong der schrecklichen Fernsehshow durch die Gänge des »Fernsehstudios des Grauens«. Bubi und ich, im Auffangraum, guckten uns an. Bubi zog sich mit dem bisschen Kraft, das ihm noch geblieben war, an der Hantel hoch und sein Unterkiefer begann zu vibrieren.

»Das ist er, ich will ihn eigentlich gar nicht sehen!«

Ich wusste nicht, von wem er sprach und schob es auf seinen Zustand. Vielleicht hatte er ja Fieber. Doch da wurde die Tür aufgerissen und wie ein Sturmwind stand im Zimmer: *Rolf Möller, Präsentator des TV-Massakers: »Klinik Roulette«.*

»Halli, hallo, hallöchen, wie geht's, wie steht's? Was machen die Geschäfte?«

Er war tatsächlich nicht die Spur gealtert, nein er war eher auf eine groteske Weise verjüngt. Wie schon auf der riesigen Werbetafel von mir bemerkt, hatte er jetzt blonde Haare und im Oberkiefer waren der linke Schneidezahn und der daneben aus Gold. Ein dünner Menjou-Schnurrbart und schwere goldene Ohrringe an beiden Ohren.

Er trug einen pinkfarbenen, mit grünen Nadelstreifen überzogenen Anzug und schwarze Lackschuhe mit weißen Rosetten. Ein gelbes Hemd mit einer Motto-Krawatte, in diesem Fall stand drauf: »Hautse, Hautse! Immer in die Schnauze!«, rundete das furchterregende Bild ab. So ähnlich muss Robert Koch den Tuberkel unter dem Mikroskop gesehen haben.

»Kleinkrieg, altes Haus. Wie geht es denn immer so? Habe schon von Larsemann gehört, dass du jetzt auch mal 'ne Runde hier drehen willst! Wird schon werden. Wo drückt denn der Schuh, was können wir bei dir denn noch so gebrauchen? Viel kann man aus deinem Material, bei aller Liebe, nicht mehr rausholen …!«

Der gleiche Dampfplauderer wie früher, ohne Punkt und Komma.

Er griff unter sein Jackett in Höhe des Gürtels und holte eine Mundatemmaske, an der ein Riffelschlauch angeschlossen war, hervor. Der Schlauch ging zu einer kleinen Edelstahldruckgasflasche, die ebenfalls an seinem Hosengürtel befestigt war. Während er sich mit der einen Hand das Mundstück über Nase und Mund presste, drehte er mit der anderen das Öffnungsventil auf. Ein gemeines Zischen war zu hören und Rolf verkrampfte beim ausgiebigen Inhalieren sichtbar. Seine Lider flatterten und der angespannte Gesichtsausdruck verriet, dass das keine Spielerei war, was er da mit sich machte. Mit dem freien Arm schlug er einen unhörbaren Rhythmus in die Luft.

»Schackalacka, bumms die Kuh!«, schrie er, als er mit der Prozedur fertig war, sichtlich angeknallt. Dann trat er wie wild mit einem Bein auf, als wollte er einen Krampf abschütteln.

Meine Fresse, was war aus ihm geworden, ich konnte das jetzt gar nicht einordnen und fragte ganz unbedarft: »Sag mal, Rolf, ich wollte eigentlich nur einen Antrag auf ein Pensionszimmer einreichen. Tut dieser ganze Zirkus denn eigentlich not? Ich meine …«

»Zirkus? Er sagt, Zirkus?!«

Ihm traten die Adern aus der Stirn, und ich dachte, er würde explodieren.

»Das ist kein Zirkus, und ja, das tut not. Das ist hier eisenhartes Showgeschäft und die Show muss, ich sage MUSS, weitergehen. Egal wie, egal wo, egal mit wem!« Er schrie wie am Spieß.

»Herr Möller, Herr Möller?!« Eine etwa 25-jährige Sekretärin kam aufgeregt in den Raum und Rolf fauchte sie an: »Ja, Möller, immer noch Möller, Möller! Hier bin ich. Was ist denn?«

»Entschuldigung, aber er ist jetzt da.«

»Wer ist jetzt da? Kann mir mal hier ein einziger Mensch, nur einer, in einem zusammenhängenden Satz, in meiner Sprache, nicht zu laut, nicht zu leise, vielleicht auch freundlich, aber verständlich, alle Informationen zukommen lassen, die man für eine vernünftige Kommunikation braucht, he?«

Die Kleine errötete und guckte auf den Boden.

»Na ja, er, *Biff Kravallo* ...«

»Ahhh!«

Mit diesem Laut der absoluten Verzweiflung und Hoffnungslosigkeit ließ Bubi die Krankenbetthantel, an der er sich mühsam hochgezogen hatte, los und fiel in seine durchgeschwitzte Lagerstatt zurück.

»Das ist mal eine gute Nachricht und es wurde ja auch Zeit, dass der Herr von sich hören lässt!«, trötete Rolf raus. »Kleinkrieg, ich muss los, Geschäfte. Ich kann nichts für dich tun, außer dir viel Glück bei den Runden zu wünschen. So, Mädchen, dann wollen wir mal!«

Sprach's, fummelte an dieser ominösen Edelstahldruckflasche herum und verschwand mit der hübschen brünetten Sekretärin in den endlosen Gängen und Fluren des »Fernsehstudios des Grauens«.

»Sag mal, Bubi, wer ist denn *Biff Kravallo*?«

Bubi, der sich trotz seiner völlig aussichtslosen Lage immer noch bei Bewusstsein hielt, nötigte mir wirklich Respekt ab und ich richtete ihn ein wenig auf, um sein Kissen aufzuschütteln.

»Ja, das ist so ein Einpeitscher und Rundenmoderator für die Klinik Roulette-Show. Er soll aus dem Baltikum kommen und die Angewohnheit haben, seine neuen Arbeitsverträge mit dem Blut des letzten Verlierers zu unterzeichnen. Er ist beim Volk megabeliebt und verdient einen Haufen Kohle.« Bubi guckte mich mit flatternden Augenlidern an und er tat mir leid.

»Was soll denn jetzt werden, Bubi, ich meine aus dir?«

»Keine Ahnung, sie wollen noch beraten. Das Zimmer in der Altenkünstlerkolonie *Gitarre, Elek.* kann ich jetzt natürlich abschreiben, ach, es ist jetzt sowieso alles egal und vorbei!«

Er ließ sich in völliger Apathie in eine Ohnmacht fallen und ich dachte, dass es das Beste war, was er jetzt tun könne. Die Entsorgung würde sein bisschen Zukunft beenden.

Das würde auch mein Schicksal sein und ich spürte zum ersten Mal Verzweiflung in mir aufkeimen.

Zudem hatte ich durch die Aufregung der vergangenen Stunden einen schrecklichen Blutdruck und sah alles doppelt und verschwommen. Das kam zum einen durch einen nicht behandelten Diabetes und zum anderen durch die Scheißangst, die ich vor der Entsorgung hatte.

Außerdem musste ich dringend pinkeln und mich auch mal hinsetzen, denn ich war seit den frühen Morgenstunden auf den Beinen.

»Wo kann man denn hier wohl mal schiffen?«, fragte ich mich eigentlich selbst. Ich hatte ja mitbekommen, dass mit Bubi nicht mehr zu rechnen war.

»Hinten im Zimmer steht ein Paravent, dahinter ist ein Eimer für die Notdurft«, sagte eine Stimme. Es war ein weißbekittelter Schatten, der an der Eingangstür des Auffangraumes vorbeihastete und meine ins Nichts gestellte Frage wohl gehört hatte. Ich näherte mich dem Eingang, durch den Rolf Möller eben mit der jungen Frau verschwunden war, und musste feststellen, dass er anstelle einer Tür ein elektronisches Starkstrom-Schockfeld als Sicherung hatte. Jetzt ein wenig nach vorne rennen und die Entsorgung hätte sich erledigt. Sie hatten an alles gedacht. Der Weißkittel war verschwunden und zurück blieben ich und der lädierte Bubi.

Ich schlurfte auf den Paravent zu und erleichterte mich in den Eimer. Dabei fielen mir wieder unzählige Garderobenräume aus meiner Kapellenmusikzeit mit Extrabreit und anderen Bands ein. Ach, es war alles schon so lange her, aber es war doch schön gewesen und die Zukunft sah seinerzeit auch nicht so bedrohlich aus, wie sie dann wurde. Alles das hatten wir Dr. Helmut Kohl zu verdanken, der mit den prallen Rentenkassen der 80er Jahre die Einheit, die uns nach seinem Dafürhalten keinen Pfennig kosten sollte, finanzierte, um in den Geschichtsbüchern als Kanzler derselben zu gelten. Dieser Schmok! Sein und mein Lebensentwurf waren auf das Heftigste kollidiert, von Bubis ganz zu schweigen. Ich war kurz davor, den Kopf hängen zu lassen und mich tatenlos den Umständen zu ergeben, als ich auf dem Flur zwei sich unterhaltende Stimmen vernahm.

»Ich weiß, dass es gefährlich ist, aber das musst du schon mal mir überlassen! Du hast nur das Zeug herzustellen und an mich abzuliefern, dann wird alles gut. O.K.?«

»Auf deine Verantwortung, ich kann keine Garantien mehr geben. Die Nebenwirkungen können grauenhafte Ausmaße annehmen!«

Die eine Stimme rechnete ich Rolf Möller zu, da war ich mir ganz sicher. Er war ja gerade vor fünf Minuten noch hier im Raum gewesen. Die andere kam mir auch bekannt vor, gar nicht mal von der Lage her, sondern die Sprechweise ließ den Schleier der Vergangenheit und den Einfluss von Jim Marshall auf meine Hörfähigkeit zerreißen.

Ich hatte mich flach an die Wand neben der Tür gepresst und hielt den Atem an.

»Ich hoffe, wir verstehen uns, es steht eine Menge auf dem Spiel!«, sagte jetzt 100 Prozent Rolf und ich hörte Schritte, die sich schnell entfernten.

Die mir unbekannte, weißbekittelte Person blieb allein zurück. Ich beugte mich ein wenig vor und versuchte, einen Blick durch die mit Starkstrom gesicherte Tür zu erhaschen. Der Mensch, es war ein Mann, stand jetzt genau vor dem Tür-Loch und war in mehrere Schriftstücke, die er auf einem Clipboard hin und her blätterte, vertieft. Ich sah ihn an. Er sah mich an.

10, 9, 8, 7, 6, 5, 4, 3, 2, 1 ... »Thomas? Thomas Brune???«

»Ja? Und wer will das wissen?«

»Na, hör mal. Das hat sich doch hier rumgesprochen, dass ich hierhin praktisch gekidnappt worden bin, Alter. Jetzt tu mal nicht so, du machst doch mit dem Möller Kippe, habe ich doch gerade gehört. Aber bitte, wenn du's unbedingt von mir hören willst: Ich bin's, St. Kleinkrieg, Stefan Klein, Extrabreit. Na, fällt der Groschen, oder ist da oben alles wegstudiert?«

Ich war erregt. Ich wurde schon den ganzen Tag verarscht, verramscht und sollte noch mit zusätzlicher Volksbelustigung entsorgt werden, da können einem schon mal die Nerven durchgehen.

»Ja, das ist ja großartig. Ich freue mich dich wiederzusehen, wenn auch unter, sagen wir mal, nicht so ganz kommoden Zuständen!«

Das war Thomas: immer auf furchterregende Art und Weise sachlich und dabei poetisch.

Er hatte eine beeindruckende Karriere hinter sich, die ich nicht in ihren Abläufen im Kopf habe. Aber nachdem er mal die ersten Fotos für Extrabreit geschossen hatte, wurde er Arzt und Forscher. Er beschäftigte sich außerordentlich erfolgreich mit dem sogenannten »Methusalem-Syndrom«. Er wurde dann Professor, ich habe ihn aber nach einem kurzen Intermezzo so um 2005 herum aus den Augen verloren.

»Was macht ein so gerader Charakter wie du in dieser verabscheuungswürdigen Kulisse? Herr Prof. Dr. Dr. Brune? Und mit was muss ich denn noch rechnen?«

»Ja, das ist gar nicht so einfach zu erklären, Stefan. Das sieht jetzt für dich schlimmer aus als es ist, wirklich. Alles wird sich aufklären und ich kann dir versichern, dass große Dinge im Gange sind, die das gesamte innenpolitische und sozistrukturelle Gebilde Bundesrepublik, respektive Europa, sprich Welt, ändern werden. Ja, das könnte man so sagen!«

Ahahahahahahahah. Wie ich das schon immer gehasst habe. Dieses Gelaber!

»Ich will hier raus, Thomas, scheiße, ich will doch nur mein Zimmer in der Altenkünstlerkolonie *Gitarre, Elek.*, das mir nach 11 Jahren Wartezeit in Aussicht gestellt worden ist. Ich brauche keine Organe von anderen und will meine auch ganz gerne behalten. Guck dir nur mal an, was sie aus dem armen Bubi gemacht haben: Hackfleisch! Und warum sieht der Rolf eigentlich so jung aus?«

»Aha, bist ja schon immer etwas, sagen wir mal, schlichteren Gemüts gewesen, Herr St. Kleinkrieg, aber da hängt was dran.«

Er grinst wieder sein Akademikergrinsen und ich hätte 1000 zu 1 gewettet, dass der nächste Satz ein »nich' wahr« beinhaltete.

»Die Dinge verändern sich nun mal, nich' wahr, nicht immer zum Besten. Man muss was tun. Du wirst es ja sowieso erfahren. Also, ich bin bei meinen Forschungen im Felde der Methusalem-Forschung auf die absolute Gegengiftschaffe gestoßen. Der Jungbrunnen, der ist aus Gas. Ja ja, mein Lieber, während du dir das Gehör mit deiner ewig pubertären Brutalmusik zerstört hast, bin ich auf die Lösung des größten Geheimnisses der Menschheit gestoßen! Das Botoxverjüngungsgas! Der Brunehammer! Das ist ein Hit!«

Er lachte wie wahnsinnig!

»Prof. Brune, lassen Sie Herrn Kleinkrieg in Ruhe. Der muss sich jetzt auf seinen Auftritt vorbreiten!«, rief die mir schon bekannte Sekretärin von Rolf, die mit klappernden Absätzen den Flur runterrannte.

»Noch 45 Minuten bis zur Show, Herr Kleinkrieg. Was haben Sie für eine Konfession; römisch-katholisch?«

»Ich bin Protestant«, stammelte ich. Professor Brune wieherte immer noch vor sich hin und die hübsche Sekretärin notierte sich meine Glaubensrichtung auf einem ihrer Formblätter.

»Sie werden dann gleich abgeholt und wir machen eine Computertomographie, um auszuchecken, was wir von Ihren Innereien als Einsatz im Spiel zulassen werden. Es muss eine 45-prozentige Funktionstüchtigkeit vorhanden sein, sonst könnte es bei der Live-OP zu Totalausfällen kommen und das schadet dem Ablauf der Show. Natürlich nur, wenn Sie, was ich Ihnen nicht wünsche, verlieren! Haben Sie das verstanden, Herr Kleinkrieg?«

Ich nickte. Die Zeit hatte sich plötzlich verlangsamt. Ich hörte mein eigenes Atmen deutlich lauter und mühevoller. So, als ob man ein Tonband mit halber Geschwindigkeit abfährt, die Tonhöhe aber erhalten bleibt. Auch visuell war alles in Slow Motion.

Die Uniformierten mit der Stahlstange waren wieder aufgetaucht und die junge Frau löste durch eine Infrarotfernbedienung den unsichtbaren Starkstromriegel, sodass die Männer zu mir kamen und mich auf die schon mal beschriebene Art und Weise fesselten.

Bubi war hinter mir aus seiner Ohnmacht erwacht und schaute mitfühlend zu mir rüber.

»Alter, jetzt geht es ans Eingemachte. Ich bin froh, dass ich jetzt nicht an deiner Stelle bin.«

Ich musste schlucken, denn wenn jemand in seinem Zustand nicht lieber an einer anderen Stelle wäre, muss diese, meine Stelle, doch wohl die Hölle sein.

Dahin war ich jetzt also unterwegs.

Ich nickte ihm noch mal zu und dann setzte sich unsere kleine Karawane in Bewegung. Die Sekretärin vorneweg, dann der Professor, der erstaunlich behände seitlich neben den beiden Uniformierten lief, die mich wiederum an ihrer Liftstange beförderten.

»Ja, das Botoxverjüngungsgas. Da sind alle scharf drauf. Bei mir wirkt es komischerweise nur innerlich ...«

Er faselte, als würde er dafür bezahlt und so sagte ich einfach zu ihm: »He Thomas, lass mal stecken. Ich finde in solchen Momenten sollte ein Mann alleine sein und mit seinem inneren Ich Frieden schließen. O.K., mach es dann mal gut und arrangiere dich mit deinen Schergenfreunden.«

Er blieb stehen und schluckte.

»Du lässt einen ja gar nicht zu Wort ...«

Wir hatten einen Raum erreicht, über dessen Eingangstür in großen Lettern *SHOW CT* angebracht war. Das gleiche Procedere wie schon im Auffangraum. Fesseln los und dann hinein.

Ich wurde aufgefordert, mich bis auf die Unterwäsche zu entkleiden und musste mich, nachdem ich in T-Shirt und Unterhose vor die Untersuchungskommission getreten war, in die Computerröhre legen.

Diese Teile waren im Laufe der Jahre immer leiser geworden und machten jetzt fast gar keinen Lärm mehr. In drei Minuten hatte der nahezu stumme Helfer mein Innerstes für die Untersuchungskommissare nach außen gekehrt und ich durfte mich aus der Röhre erheben.

»Tja, Herr Kleinkrieg, gut gelebt was? Aber auch gar nichts ausgelassen! Abszesse an nahezu allen Organen und eine Wirbelsäule als hätten Sie die letzten Steinkohlevorkommen allein zu Tage gefördert. Arterienverkalkung und ein nicht zu übersehender Diabetes. Junge, Junge, das ist aber nicht schön.« Er schüttelte den Kopf und schürzte den Mund.

»Der Mann ist nicht spielfähig. Der ist fast Selbstentsorger. Da gebe ich mein O.K. nicht für.«

»Der muss aber spielen. Dem Zustand des Probanden wird hier nur eine untergeordnete Rolle beigemessen, es handelt sich um eine Angelegenheit von nationalem Interesse.«

Sagte hinter mir eine Frauenstimme!

»Sowie auch von Internationalem.«

Sagte hinter mir eine Männerstimme, beide waren leicht berlinerisch angehaucht.

Ich drehte mich um und da standen *Hildegard Knef* und *Harald Juhnke*, lebendig!

Neben ihnen stand der grinsende Professor Brune: »Der Brunehammer, der Hit!!!«

Ich würde jetzt gerne schreiben, dass ich in Ohnmacht gefallen wäre oder dass ich ausrastete, kann ich nicht. Ich blieb eigentlich ganz ruhig. Ich hatte schon zu viel erlebt, als dass mich eine Wiedergängerei im Showgeschäft überraschte oder gar ängstigte.

»N'abend, die Herrschaften!«, presste ich heraus und schaute mir die beiden ganz genau an.

Sie hatten sich eigentlich nicht groß verändert, sondern sahen immer noch so aus wie ich sie seit unserer Zusammenarbeit Anfang und Mitte der Neunziger Jahre im Gedächtnis hatte.

Nur am Hemdkragen im Bereich des Nackens, bei Harald, am Blusenkragen bei Hilde, sah man ein kleines Stückchen Riffelschlauch, zwar hautfarben, aber man sah ihn. Er ging direkt an beschriebener Stelle in den Körper.

Sie redeten zusammen mit Professor Brune und dem Oberarzt der Untersuchungskommission auf mich ein, ich machte aber gerade wieder die Erfahrung der sich verlangsamenden Zeit durch und hörte nichts.

»Na prima, da hat ja die Familienzusammenführung schon stattgefunden, soll ich Kaffee und Kuchen bringen lassen? Weiß er etwa schon alles?« Das war jetzt wieder die Stimme von Rolf, der in einem Outfit, welches in den 70er Jahren Elton John zu Ehre gereicht hätte, in den Raum geschwebt kam.

»Bei aller Liebe, Kinder, ich habe hier einen Show-Auftrag und der ist noch nicht erfüllt. Also auf die Plätze, fertig, los! Was fällt denn bei Kollege Kleinkrieg bald aus?«

Diese Frage richtete sich an den Oberarzt der Untersuchungskommission, der antwortete schnell.

»Also die Bauchspeicheldrüse hat einen weg, da ist eigentlich in den nächsten Stunden mit einem Totalausfall zu rechnen. Allein die Aufregung, Gift für den Mann, da kann man nix machen!«

Das war also mein Ende. Vor der Teilnahme an der weltweit berüchtigten Show, dem sogenannten »Bloodentertainment«, kackte ich schon im Backstage Bereich ab.

»Quatsch, das kriegen wir hin. Spielerliste!«, sagte Rolf barsch und streckte seiner Sekretärin die Hand entgegen.

»Mh, mh, mh, ah, ha!!! Hier, Jonas Brotolino, was für ein Name; 1a Bauchspeicheldrüse, Blutgruppe A, Rh positiv, nicht verheiratet, keine sonstige Mischpoke, die auf ihn wartet.

Wie für uns gemacht. Es wird ihn keiner vermissen. Los jetzt! Showtime!!!«

Er stieß mich an Hilde und Harald vorbei in den Flur. Ich hörte ein leises Zischen, als wir sie passierten.

Die Klinik Rouletteshow war in einem Miniaturkolosseum aufgebaut, auf dessen Zuschauerrängen aber immerhin noch 2500 Besucher Platz fanden. In der Mitte der Arena stand das »Blutrad«, ein riesiges Glücksrad mit Zahlen von 1–10000.

Die Spielregeln sind schnell erklärt.

Zwei Kandidaten müssen gegeneinander drehen und die gedrehten Zahlen im Kopf zusammenrechnen. Wer die höchste Zahl hat, hat gewonnen. Sollte sich der Sieger verrechnet haben, gewinnt der Verlierer. Sollte sich der Verlierer in seiner ersten Rechnung auch verrechnet haben, beginnt es von vorn.

Das völlig hemmungslos besoffene Publikum rechnet natürlich immer mit und es ist ein Lärmpegel in dem Großraumstudio, der bestimmt nicht viel geringer ist als seinerzeit im echten Kolosseum.

Der Verlierer wird sofort von einem mit den neuesten medizinischen Geräten ausgerüsteten Team vor den Augen der Zuschauer operiert und der Gewinner kommt so in den Genuss des Transplantats. Diese OP wird aber hinter der Bühne ausgeführt.

Für besonders schwierige Operationen werden sogenannte »Ferneingriffe« unternommen. Das heißt, ein Spezialist für, sagen wir mal, Bauchspeicheldrüsen arbeitet von Omsk aus mit einem Operationsroboter, der im Klinik Roulette-Studio aufgebaut ist. Man sieht ihn dabei, wie er mit einer Gesichtsmaske und diesen komischen Handschuhen pantomimisch die Operation ausführt.

Das Publikum versucht, ihn dabei zu stören und schreit nach Kräften durcheinander und schon oft ist einem entnervten Spezialisten das Skalpell durchgegangen und er hinterließ ein Blutbad, das dann mit frenetischem Beifall quittiert wurde.

»Herzlich willkommen bei Klinik Roulette, meine Damen und Herren! Wir sind wieder so weit, es darf geblutet werden!«

Das war Biff Kravallo.

Und das verschlug mir nun wirklich die Sprache!

Ja, er war es! Ich hatte immer damit gerechnet, ihn eines Tages wiederzusehen, denn zwei, die so lange auf einem Weg gegangen sind wie wir, verlieren sich nicht einfach so aus den Augen.

Er schrie und peitschte dem Publikum ein, wie in den besten Zeiten der »Good Ol' Boys«.

Ja, es war Kai Havaii. Er war also der legendenumwobene Biff Kravallo, der seine neuen Arbeitsverträge stets mit dem Blut des letzten Verlierers aus dem letzten von ihm moderierten Spiel unterschrieb.

Ein absoluter Titan im »Bloodentertainment«: Einschaltquoten von 91 Prozent und das in einer Zeit von berechneten 750 deutschsprachigen Kanälen im Internet-TV.

Er war der Gewinner mehrerer Preise, wie zum Beispiel: Träger des Volksshowrings 2021, Wimmerpreis, Happy Skalpell, mit Eichenlaub, Schwertern und Brillanten. Zuschauerpalme von 2022. Bambi, Goldene Kamera und sogar den Harald Juhnke-Gedächtnispreis nannte er unter vielen anderen, die mir nicht einfallen, sein Eigen. Ich war platt!

Ja, man konnte sagen, er hatte es im Showgeschäft zu etwas gebracht. Was mich aber nun doch sehr verwunderte, war, dass ausgerechnet Kai seinen humanistischen Wurzeln so derartig abgeschworen hatte, dass er sich für diese Barbarenunterhaltung hergab. Am Geld allein konnte es doch nicht liegen. Er war während unserer Extrabreit-Zeit ein Master des Universums an der Börse gewesen und hatte eigentlich zu dem Zeitpunkt, als wir den Spielbetrieb einstellten, die Nasenlöcher weit aus dem Wasser.

Ich erinnerte mich an unser letztes Zusammentreffen. Es war vor Jahren im Nichtrauchergefängnis Magdeburg 7 gewesen. Er saß eine jahrelange Umerziehungsstrafe ab und ich nur wegen eines lange zurückliegenden Vergehens.

(Ich hatte Anfang 2007, als die berüchtigten Nichtrauchergesetze in Kraft traten, ein Spottlied über Gesundbeter und Intoleranz im Umgang mit Kulturdrogen und menschlichem Zusammenrottungsverhalten auf einer CD und im Internet veröffentlicht. Man kam mir Jahre später drauf und ich musste eine hohe Geldstrafe zahlen und für acht Monate ins Gefängnis.)

Da haben wir uns während eines Umschlusses von weitem kurz gesehen, ein Wink und das war es. Jetzt stand er also wieder auf der Bühne und hatte sich mit dem Establishment versöhnt. So sah es jedenfalls aus.

»Bleiben Sie dran, wir sind sofort wieder für Sie da, wenn das Skalpell ruft!!!«

Er moderierte die Werbepause und drehte sich zu mir um.

»Da bist du ja, Alter. Warst der Letzte, den wir noch finden mussten. Na, dann kann es ja losgehen. Weiß er eigentlich Bescheid?«, fragte er die hinter mir aufgetauchte Ansammlung von Rolf, seiner Sekretärin, Hilde, Harald und Prof. Brune.

»Nein«, sagte Brune ziemlich barsch, »ich will die Situation seit geraumer Zeit aufklären, aber die Umstände lassen es nicht zu, nich' wahr. Immer kommt irgendeine Widrigkeit dazwischen. Vielleicht könnte ich jetzt ...«

»Ja, das wäre das Beste!«, sagte Biff, äh, Kai.

»Also, Kleinkrieg, dann pass mal auf! Du erinnerst dich an die Zeit, als Helmut Kohl die Rentenkassen für die Einheit plünderte und gegen den Rat aller Wirtschaftsexperten die Währung der maroden DDR 1:1 umtauschte? Einzig aus dem Grund, weil er wiedergewählt werden wollte und dafür die Stimmen der Ostdeutschen brauchte. Er wollte halt Deutschland als erster Kanzler als einig Vaterland führen. Menschlich ist diese Profilneurose durchaus verständlich gewesen, aber wirtschaftlich hat sich Deutschland von diesem Aderlass nie erholt. Der folgende Bankrott und die totale Verelendung der Rentenklasse war nur noch wenige Jahre zu kaschieren. Da kam der Zufall in meiner Person daher und meine Arbeit bescherte mir einen nobelpreissicheren Forschungserfolg, auf den ich aber zugunsten der Rettung der Menschheit verzichtete. Ich entdeckte das Botoxgas, das den natürlichen Alterungsprozess stoppt und umkehrt. Die Bundesregierung beschlagnahmte sofort alle Unterlagen und wollte zusammen mit den Amerikanern die Neue Welt ausrufen. Das ging aber nicht, weil zu der Zeit, als George Bush Präsident der Vereinigten Staaten war, herauskam, dass seine Mutter Babara ein Mann ist und in Wirklichkeit der Vater von Osama bin Laden. Die Amerikaner hatten dann derartig viel mit ihrer Vertuschungskampagne zu tun, dass für die Neugestaltung der Gesellschaft, sprich ein neuer Generationenvertrag, keine Zeit blieb. Sie führten zur Ablenkung den Irakkrieg und sabotierten ihr eigenes World Trade Center. Hier in Deutschland war die Situation der Rentenkassen und überhaupt der Versorgung der immer älter werdenden Gesellschaft nicht mehr zu finanzieren und man startete die Hatz auf Alte. Das hast du ja am eigenen Leib mitbekommen. Wir hatten ja hier nicht die Möglichkeit des Krieges als Regularien. Da kam dann eine Kommission auf die grandiose Idee, das seit Menschengedenken in der Hand der Jugend liegende Showgeschäft in die erfahrenen Hände von Alten zu geben. Das bedurfte einer Umerziehung des ganzen Volkes.

Wir starteten mit dieser zugegebenen Schweinerei, Klinik Roulette. Nur, um die Leute überhaupt an den Anblick von alten Menschen auf dem Bildschirm zu gewöhnen. Das Gremium, dem die zwölf Weisen der Bundesrepublik angehören, wählte dann zwei absolute Publikumslieblinge als Berater aus und täuschte ihren Tod vor. Das waren zum einen Hilde Knef, die einzige deutsche Diva und anerkannte internationale Showgröße, die nicht nur in einer Spate Erfolg hatte, sondern gleich in verschiedenen Kunstrichtungen glänzte. Zum anderen den großen Volksschauspieler und Experten für die deutsche Volksseele: Harald Juhnke. Ein Mann, der weiß, was auf der Straße gedacht wird, bevor die Straße es selber weiß. Dazu kam ich als Fachmann für den Alterungsprozess und Stoppen desselben. Wir implantierten Hilde und Harald den Brunebotoxriffelschlauch und sie werden nun 24 Stunden am Tag mit leichten Dosen Botoxgas versorgt. Dann brauchten wir eine Band. Eine richtige Band, die nicht für eine Musikrichtung steht, sondern deren Heimat zwischen den Stühlen ist, sodass sie alle bedienen kann. Punks, Rocker, Emos, Beatfreaks, Pop, Folk usw. Was wir suchten, fanden wir in euch: einen reinrassigen Entertainmentzwitter. Ja, nun hat man fast das Gefühl, es wäre göttliche Fügung im Spiel. Ich habe mit euch Ende der 70er Jahre die ersten Fotos gemacht. Ihr habt mit Hilde dieses Rosenlied aufgenommen und auch mit Harald diesen schönen Song von der Vergänglichkeit von allem. Dazu wart ihr nie so erfolgreich, wie es euch zugestanden hätte, denn die großen Stücke des Showkuchens haben sich immer die Cleveren und Berechnenden abgeschnitten, dazu wart ihr, sagen wir mal, zu schlicht. Jetzt aber wart ihr mal ganz weit vorne! Nein wirklich, es lief ab wie ›Pisse von der Hauswand‹, so pflegtest du dich doch immer auszudrücken.

Kai hatten wir fest in Magdeburg 7 und konnten ihn für diese Mission gewinnen und umschulen.

Rolf war ein im Showgeschäft nicht zu bekannter, aber doch erfolgreicher Impresario, den wir mit der Klinik Roulette-Aufgabe betrauen konnten.

Bubi haben wir noch mal gerade so gerettet. Ja, mein Bester, beim Show CT stellten wir in beiden Unterschenkeln Tumore fest und konnten nur durch die Fernoperation das Schlimmste verhindern. Er bekommt erstklassige Prothesen und wird seine Beine nur noch im Winter vermissen. Weil er keine kalten Füße mehr bekommt.

Lars war der ideale Partner, um euch wieder zusammenzukriegen. Ihr musstet ja irgendwann bei der Agentur für *Ehemalige Gaukler/Komödianten/Kapellenmusiker* auftauchen.«

Er grinste dabei wie ein Nobelpreisträger. Nach seinen Ausführungen wäre er das ja auch gewesen.

»Du warst das Problem. Wir haben dich ewig gesucht. Wo warst du denn?«, fragte jetzt Rolf.

»Ich habe doch diese Fischer-Kate auf Amrum, da habe ich mich die letzten Jahre versteckt.«

Das kriegte ich noch raus, aber ich muss sagen, dass mich dieser Exkurs mit 1000 Fragen zurückließ.

Ich war auch erschüttert und musste trotzdem auf einmal lachen und sagte: »Eh, hört mal, das ist doch alles Scheiße, was ihr mir hier erzählt, oder?«

»Kinder, macht hin«, sagte Kai jetzt, »die Werbepause ist zu Ende, ich muss wieder raus und du bist auch in der nächsten Runde an der Reihe!«

Ich musste schlucken. Das Alter und die Aufregung der vergangenen Stunden machten sich jetzt doch bemerkbar. Zudem war ja, wie der Untersuchungsarzt mir schon prophezeit hatte, mit dem Totalausfall meiner Bauchspeicheldrüse und meinem Ableben in der nächsten Zeit zu rechnen. Auch hatte ich die ganze »Brunsche Offenbarung« nicht wirklich verstanden und verkraftet.

Kai kehrte mit einem »Hallo, meine Damen und Herren zuhause an den Monitoren, liebe Bestien hier im Klinik Roulette-Studio und werte Kandidaten in den Warteboxen …« vor die Kameras zurück und ich nutzte den Augenblick und fragte Prof. Dr. Dr. Thomas Brune: »Warum sieht der Möller eigentlich so aus, als wäre kein Tag vergangen? Ich meine Kai hat ja auch diese Gasapparatur und er sieht auch nicht so alt aus wie er aussehen müsste, aber Rolf ist ja vom Aussehen her fast ein Jugendlicher.«

»Ja, das ist ja auch ein kleines Problem«, seufzte der Professor. »Unser lieber Rolf treibt mit dem Gas einen heftigen Missbrauch und zieht sich das Zeug flaschenweise rein. Du hast dir ja jetzt ein Bild von der Situation machen können und dir wird ja klar geworden sein, dass man euch wieder auf die Bühne schicken will. Rolf will nun nicht ein Jota von seiner alten Power missen und konditioniert sich mit dem Botoxgas auf gefühlte 23 Jahre. Die Folgen sind noch nicht erforscht und wir vom medizinischen Führungsstab der Mission machen uns ernsthaft Sorgen.«

Wir blickten hinter uns und da stand Rolf schon wieder mit der Beatmungsmaske und führte einen Feixtanz auf. Ich hörte nur »Ah, uh, ah, uh, Schakalacka, bums die Kuh!«

In der Arena steppte der Bär, denn gerade ging es in der Spielrunde 1 los. Kai verkündete: »Liebe Zuschauer, heute freue ich mich ganz besonders mal wieder einen Klassiker des Klinik Roulette ankündigen zu dürfen; es geht um die Nieren und um die Leber!«

Die Zuschauer in den Rängen tobten, denn sie wussten, dass das »Fernoperation« hieß und das war immer ein heidnischer Spaß!

»Wir haben hier Herrn Bernd Fromm und Herrn Günter Schabowski, beide aus Oer-Erkenschwick, beide römisch-katholisch und beide 72 Jahre alt. Herr Fromm bringt ein Nacktgewicht von 78 kg auf die Waage und der gute Herr Schabowski hat ungefähr das gleiche, nämlich 76 kg. Sie haben sich für die Runde Nieren vs. Leber gemeldet. Herr Fromm braucht dringend eine und Herr Schabowski spekuliert im Falle seines Sieges auf die jungfräuliche Leber des Herrn Fromm.

Die Spielregeln sind bekannt, es kann kein Rückzieher gemacht werden. Ich bin mit keinem der Herren verwandt oder verschwägert. Das Glück trifft hier seine unbestechliche Wahl!!!«

Tosender Applaus und Kai verbeugte sich dankend vor dem Publikum. Die Kandidaten waren leichenblass und trugen die weißen Spieleroveralls, auf denen die Organe, um die gespielt wurde, rot aufgedruckt waren. Jetzt wurde das »Blutrad« gedreht, Fromm als erster.

»4361«, verkündete Kai und die Zahl wurde von vier Cheerleadern, die jeweils ein Schild mit einer Ziffer hochhielten, mit Musik durch die Arena getragen. Dann blieben die Mädchen auf einer Seite der Arena stehen und hielten die Ziffern weiterhin in die Höhe.

Jetzt drehte Schabowski. Der Mann war sehr wackelig auf den Beinen und das »Blutrad« rutschte ihm beim Schwung holen durch die Hand, trotzdem 6430. Wieder Cheerleader, diesmal andere, sie blieben mit den Zahlen auf der gegenüberliegenden Arenaseite stehen.

Zweiter Dreher, Fromm 312. Drei Cheerleader und Fromm wurde totenblass.

Zweiter Dreher, Schabowski 1027. Vier Cheerleader und Schabowski schüttelte schon die Siegerfäuste. Jetzt stand noch die Rechnung aus, jetzt konnte sich noch mal alles wenden.

»Na, Herr Schabowski, was haben Sie denn so gedreht?«, fragte Kai jetzt den Rundensieger und das Publikum skandierte diesen Satz mit, während die Cheerleader die Zahlen rumdrehten, sodass man sie nicht mehr lesen konnte.

Das Volk in den Rängen war außer Rand und Band. Sie hatten sich alle von den Sitzen erhoben und schrien irgendwelche Zahlen in die Arena, in der Kai vor dem fast paralysierten Schabowski stand und demonstrativ eine

Hand hinter das Ohr hielt und den Kopf vorbeugte: »Ich höre, Herr Schabowski?!«

»Äh, mmh, äh ...«, stotterte er. Dann platzte er heraus: »7457«.

Kai, aka Biff, schaute auf sein Clipboard und riss die Arme in die Höhe: »Das ist richtig, wir haben einen Gewinner und der hat eine neue Leber ... bald!«

Hinter der Szene, die ich hier nur bruchstückhaft wiedergeben kann, brach Herr Fromm zusammen.

»Nein, ich will nicht, Schiebung!!!«

Er war noch einen Hauch blasser als ein Eimer voll Buttermilch und gestikulierte mit den Händen in der Luft herum. Alles half jetzt nichts mehr, das Spiel forderte seinen Tribut und wie das auch im Leben ist: Wer Vabanque spielt ...!

Die Showsanitäter liefen unter Trompetenstößen in die Arena und hielten Herrn Fromm fest.

»Meine Damen und Herren, es wird ein Ferneingriff stattfinden.« Donnernder Beifall und Fußgetrampel ließen das Studio, in dem die Kulisse aufgebaut war, in seinen Grundfesten erzittern.

»Bevor ich Ihnen den heutigen Operateur vorstelle, begleiten wir Herrn Fromm auf seinem, hoffentlich nicht letzten, Weg mit unserem kleinen Liedchen zum OP-Tisch.«

Fromm hatte völlig die Fassung verloren und sich eingenässt. Die Sanitäter schleppten ihn auf den, auf einem Podest stehenden OP-Tisch und man sah jetzt den OP-Roboter, der über Infrarotschnittstellen mit dem Fernoperateur verbunden den Eingriff vornehmen würde.

»Jetzt, das Lied.«

Das Stakkato einer Elektrischen Gitarre tönte in erbarmungsloser Lautstärke durch die Arena. Kai über Mikrophon und der viel hundertköpfige Chor der Zuschauer, so wie sie waren, sangen das schreckliche Klinik Roulette-Lied.

Frisch, frisch, frisch

Frisch ist nur der Fisch

Alt, alt, alt

Es lebe die Gewalt

Schnipp, schnipp, schnapp

wir schneiden alles ab

Bum, bum, bum

Das Blutrad haut dich um

Wer wird denn hier weinen

Wer wird denn hier jammern

Wer will sich denn

an die Organe hier klammern

Menschenverachtend und geschmacklos. Aber, das musste ich als alter Profi zugeben, gut gemacht.

Fromm war jetzt auf dem OP-Tisch festgeschnallt und in der Körperhöhe seiner Leber entkleidet worden. Man hatte ihn ruhig gestellt, mit einer LMAA-Spritze (Leck mich am Arsch).

Die Lautstärke in der Arena ging zurück, was eindeutig an Kais Bemühungen lag.

»Mein Damen und Herren, wir schalten nun in den virtuellen OP-Raum nach Houston, Texas zu Dr. Fred Snyder. Eine Koryphäe in der Leberentnahme. Bitte begrüßen Sie, Dr. Fred Snyder und sein Team!«

Auf dem riesengroßen TV-Schirm, der wie ein Würfel über der Arena angebracht war, sah man jetzt den Rücken eines grün bekittelten Mannes, der gerade eine Schnapsflasche vom Mund abnahm, als er sich zur Kamera drehte und etwas dümmlich grinste. Hinter ihm standen zwei junge Frauen in Schwesterntracht und mit kleinen Pappkappen auf. Auf den Kappen war das Logo von der Klinik Roulette-Show. Sie winkten wie besessen und warfen Konfetti über den Mann.

»Geh ess schon los? O'er is das noch die Pro'e, hick?«, fragte der Mann, auf dessen grünem Kittel Dr. F. Snyder stand, in die Kamera, wobei ihm ein Speichelfaden aus dem Mund lief.

»Einen wundschönen guten Abend, Houston, wie geht es Ihnen, Dr. Snyder?«, fragte Biff Kravallo jetzt in Richtung Monitorwürfel.

»Äh, well, I'm fine, thank you!«, antwortete Dr. Snyder und der Simultanübersetzer sagte aus dem Off: »Mh, nun, es geht mir gut!«

So ging das noch eine ganze Weile hin und her und Dr. Snyder verstärkte den ersten Eindruck, den er gemacht hatte; er war stinkbesoffen. Er warf auch während des

Interviews das letzte bisschen Contenance über Bord und ließ hemmungslos die Flasche im virtuellen OP-Raum kreisen. Die beiden Schwestern hatten auch mächtig Schlagseite und Fromm konnte einem jetzt schon leidtun.

»Genug geplaudert, lassen Sie uns Taten sehen, wir brauchen eine Leber. Sie wird Herrn Fromm entnommen und er erhält dafür im Austausch das lädierte Leberlein vom Sieger der Runde, Schabowski! Auf geht's!«

Das Licht in der Studioarena wurde gedimmt und nur der OP-Tisch, auf dem Fromm festgeschnallt war, beleuchtet. Auf dem Monitorwürfel, der in der Mitte der Arenen Kulisse in der Luft zu schweben schien, sah man jetzt Dr. Snyder die großen Handschuhe anziehen und diese Maske aufsetzen, die ihn in Echtzeit über Infrarotschnittstellen mit dem OP-Roboter verband. Er schwankte erheblich und als er das virtuelle Skalpell aufnahm, fiel es ihm erst mal aus der Hand. Die Schwestern konnten sich nicht mehr beruhigen, so sehr hatte sie ein Lachkrampf in der Gewalt.

»Gute Nacht, Onkel Otto, das kann ja ein Schlachtfest werden!«, sagte neben mir Professor Brune sichtlich ergriffen.

»Snyder kenne ich von mehreren Kongressen aus der jüngsten Vergangenheit. Klinik Roulette ist alles, was sie ihn noch machen lassen.« Er mimte dabei mit der Hand das Heben eines Glases und mehrfachen Trinkens.

»Nur noch besoffen!«

Das Publikum hielt den Atem an und fast hätte man meinen können, so etwas wie Mitgefühl, ja Mitleid mit der betroffenen Kreatur, also Fromm, im Raum spüren zu können. Aber Snyder machte jetzt Faxen mit dem OP-Roboter, die ihm Lachsalven und Beifallsstürme einbrachten. Wer jemals in einem japanischen Restaurant gegessen hat, weiß, was ich meine. Diese geschickten Köche, die am Tisch, der gleichzeitig die Herdplatte zum Zubereiten der Mahlzeiten ist, mit ihren rasierklingenscharfen Messern herumhantieren, als könne man sich gar nicht schneiden, waren wohl sein Vorbild. Er ließ das Skalpell einige Male um die mechanischen Finger der Maschine wirbeln und warf es auch zwei- oder dreimal von links nach rechts, dann sagte er im breitesten Texanisch: »O.K. I'm ready! Let's rock!«

»Dann los, wir brauchen den Preis, meine Damen und Herren, hinter der Bühne ist Schabowski schon operiert worden, alles ist glatt gegangen und das Implantat ist schon hier!«

Biff hielt die Leber, die ihm auf einem silbernen Kühltablett gebracht worden war, in die Luft.

»Nein, ich will nicht, ich will nicht, ich will nicht!«, schrie Fromm und das Publikum buhte aus tiefster Seele.

»Schlappschwanz ... Feigling ... erst große Klappe ... immer der gleiche Film ...!«, hörte man aus der Lärmkulisse heraus.

Die OP hatte begonnen. Auf eine Vollnarkose wurde verzichtet, es gab lediglich eine spinale Betäubung. Eine zwölf Zentimeter lange Stahlnadel, direkt ins Rückenmark, durch die eine Betäubungsflüssigkeit gepumpt wurde. Der

Kandidat blieb bei vollem Bewusstsein und konnte so den Eingriff mitverfolgen.

Der erste Schnitt kam routiniert und präzise. Das Volk johlte langsam los und Fromm, der ja nichts spürte, quetschte förmlich seine Augen zu. Die beiden OP-Schwestern tupften, auch mit virtuellen Handschuhen ausgerüstet, professionell das Blut der ersten Schnitte weg. Die Leber lag frei. Dr. Snyder gab die Anweisungen auf Englisch und Biff übersetzte diese dem aufmerksamen Publikum.

Plötzlich musste Dr. Snyder niesen und das hätte er nicht tun dürfen. Ich schätze, die Blutfontäne war anderthalb Meter hoch, und während sich der Roboterarm in den Körper von Fromm reinbohrte, hörte man von Biff in der Arena: »Houston, wir haben ein Problem!«

Auf den Rängen der Miniarena war jetzt der Teufel los. Die im Outfit der Show gekleideten Mundschenken liefen durch die Reihen der Zuschauer und gaben kostenlosen Gin aus. Sie trugen, einem Rucksack gleich, einen Blechkanister auf dem Rücken, an dem ein Schlauch mit Zapfverschluss angebracht war. Das Publikum hatte beim Betreten der Studioarena, pro Person, einen Plastikbecher mit Klinik Roulette-Logo erhalten und reckte diese, wenn sie leergetrunken waren, den wandernden Gin-Spendern entgegen.

Es war eine apokalyptische Atmosphäre, die mir aber immer mehr am Allerwertesten vorbeizog. Ich hörte das Gekreische und Gejohle der Menge nur noch im Hintergrund und führte es auf den nun unbarmherzig einsetzenden Totalausfall meiner Bauchspeicheldrüse zurück. Aus weiter Ferne vernahm ich:

»Det wird schon widda, gleich is et jeschafft!« Dabei beugte sich Harald Juhnke über mich und klopfte mir auf den Rücken.

In der Arena hatte vor Ort ein Notfallteam die Fernoperation zu retten versucht. Was aber misslang. Das lag zum Teil auch daran, dass sie bei den Notfalleinsätzen Medizinstudenten aus den niedrigen Semestern Erstoperationen durchführen ließen. Die supernervösen Studenten gaben dem angeschlagenen Kandidaten dann den Rest. So auch in Fromms Fall.

Sie retteten zwar das Wichtigste, die Leber, aber der Kandidat ging verschütt.

»Beruhigen Sie sich, meine Damen und Herren, so ist es eben bei Klinik Roulette. Alles ist live und da können solche unappetitlichen Dinge schon einmal passieren. Nun ja, das Leben geht weiter, für uns jedenfalls, hä, hä und ... Ich meine, Doc Snyder, so was, ich hielt Sie immer für eine Koryphäe, aber das war hier kein Heldenstück. Ha, ha, was für eine Fontäne! Nun gut, genug gequatscht, die Show muss weitergehen und während unsere fleißigen Helferlein diese Sauerei hier wegputzen, darf ich Ihnen, mein liebes, abgefucktes Publikum, einen weiteren Nervenkitzel mit allergrößtem Zynismus ankündigen. Bauchspeicheldrüse vs. Lungenflügel. Vorher aber noch zu Ihrem und meinem Vergnügen die Zwetschgenwässerer Dompfeifen, mit ihrer wunderbaren Chorversion von *Wer wird denn hier Weinen*. Bitteschön!«, so leitete Biff Kravallo den nächsten Programmpunkt ein.

In der Arena hatte ein Kinderchor Aufstellung genommen und intonierte das Klinik Roulette-Lied. Die Mundschenke und Hostessen, die in den Zuschauerrängen unterwegs waren, verteilten Tomaten und anderes gestriges Gemüse, um den Leuten die Gelegenheit zu geben, ihre Sympathie für die Pausenclowns sichtbar auszudrücken. Ein Höllenspektakel, das die Leute davon abbringen sollte, mit Münzen oder ähnlich gefährlichen Wurfgeschossen ihrem Blutdurst nachzugeben.

Dann kam mein Auftritt. Ich hatte den weißen Spieleroverall angezogen und der begleitende Arzt gab mir noch eine Spritze mit unbekanntem Inhalt. Schon stand ich vor dem Blutrad und der gleiche Film, wie schon beschrieben, spielte sich ab.

Jonas Brotolino, mein Gegenspieler, hatte keine Chance. Ich wurde von Biff unterstützt. Ich weiß nicht, wie er es gemacht hat, aber ich habe gewonnen.

»Kopfrechnen schwach, Religion hinterlistig!« Das war jahrelang die Meinung meines Klassenlehrers über mich und er hatte da auch nicht so ganz unrecht.

Aber hier beim »Blutspiel des Lebens« hatte ich wohl richtig gerechnet und gewann die superintakte, nur 69 Jahre alte Bauchspeicheldrüse von Jonas Brotolino, der beim zweiten Versuch von Dr. Snyder aus Houston, Texas, sein Leben ließ.

»I can't understand this fucking shit, it must be the fucking robot, fuck!«, war sein einziger Kommentar zu seiner katastrophalen Leistung. Er dachte noch nicht einmal darüber nach, dass es vielleicht an seinem Zustand gelegen haben könnte. Der Mann war zweifelsfrei nicht mehr fähig, eine Operation zur Entnahme einer Bauchspeicheldrüse auszuführen. Selbst im Goldenen Handschuh auf St. Pauli hätte der Wirt in den lockeren 80er Jahren des letzten Jahrtausends auf eine Bestellung von Dr. Snyder geantwortet: »Nix, du has' genoch, Alder!«

Egal, ich war durch die Ereignisse und Eindrücke des hinter mir liegenden Tages jeglicher Fähigkeit zum Empfinden von Mitgefühl beraubt und gab mich meinem Schicksal hin, das mich auf den OP-Tisch eines erstklassigen Ärzteteams führte und zwar hinter der Bühne. Die Operateure beugten sich über mich und es war wohl der Boss von ihnen, der mir versicherte, dass die ganze Sache eine Kleinigkeit wäre und ich mit größter Lebenserwartung und beschwerdefrei aus der Narkose aufwachen würde.

Er hob dann noch mal die Atemschutzmaske und ich schaute in das grinsende Gesicht von Professor Dr. Dr. Brune, der ein Auge zukniff. Dann setzte die Narkose ein und ich war weg.

»Kuckuck! Ah, da ist er ja wieder!«

Weiß der Henker, von wem diese Erkenntnis ausgesprochen wurde, aber in der Tat, ich war wieder da. Etwas benommen, aber doch in besserer Verfassung, als ich selber für möglich gehalten hätte. Ich lag in einem Krankenhausbett mit blütenweißen Lacken und das Bett stand in dem mir schon bekannten Auffangraum, wo ich Bubi wiedergetroffen hatte.

Der Raum war voller Leute und ich begann mich ganz allmählich zu orientieren. Ich sah den Juhnke, die Knef, Biff Kravallo, Rolf Möller und seine Sekretärin und zu meiner großen Überraschung waren auch Lars Larsson und Tobias Schacht, aka »Der Junge mit der Gitarre«, anwesend. Neben meinem Bett stand das Bett von Bubi, der seinen Kopf aufstützend zu mir rüber sah und grinste.

»Na, Kollege, da haben wir aber noch mal Schwein gehabt, was? He, he, he, he!«

Ihm schien es sehr viel besser zu gehen als bei unserem letzten Zusammentreffen. Er hatte schon wieder die altbekannte, trötende, nervenzerfetzende Barney Geröllheimer-Lache aufgelegt, die mir während unserer Extrabreit-Zeit so schwer zu schaffen machte.

»Hallo Bubi, seit wann bin ich denn hier?«, waren meine ersten, unsicheren Worte.

»Na ja, sie haben dich operiert und dann bist du zehn Tage in einem künstlichen Koma gelegen, wo sie dich generalüberholt haben.«

»Was, zehn Tage?!« Ich war außer mir. »Das gibt es doch gar nicht, ich bin wohl nur noch ein Spielball in dieser abgefuckten Scheißwelt, was? Ich will sofort entsorgt werden, ich habe keine Böcke mehr, hier von einer Scheiße in die nächste zu tappen. Leckt mich am Arsch, alle!«

»Ruhig, mein Lieber, nich' wahr, das ist mehr als normal, dass du jetzt ein bisschen von der Rolle bist. Die Aufregung, das ist normal, in deinem Alter. Aber das Gas wird da auch Abhilfe schaffen.« Es war der Professor Brune, der jetzt wie aus dem Nichts aufgetaucht war und in seinem weißen Kittel am Fußende meines Bettes Aufstellung bezogen hatte.

»Gas?«, fragte ich ungläubig.

Er zeigte mit seiner rechten Hand in Höhe seines Kragens auf seinen Hals und nickte in meine Richtung. Ich tastete an meinem Hals und bemerkte, dass ich da einen Riffelschlauch implantiert bekommen hatte. Ich folgte dem Teil und fand unter der Bettdecke die dazugehörige Stahlflasche mit Schraubradverschluss. Jetzt war ich also auch einer dieser Zombies geworden.

Ein lebender Leichnam, ein Untoter der Unterhaltungsindustrie, eine Künstlerruine, nur noch gut für den Blutrausch der proletarischen Masse: Die Todgeweihten grüßen Dich!

»Alles wird ganz prima werden, Stefan. Ich freue mich, dir deine Aufenthaltsgenehmigung für die Altenkünstlerkolonie *Gitarre, Elek.* überreichen zu dürfen und dir, lieber Bubi, natürlich auch. Ich wünsche euch, jetzt da ihr für ein besseres Leben konditioniert seid, eine schöne Restlebenszeit und natürlich in unserer gemeinsamen Unternehmung viel Erfolg! Bravo!«

Das war Lars Larsson, dem ich das hier eigentlich alles zu verdanken hatte. Er und die anderen Anwesenden klatschten und Tobias Schacht überreichte mir und Bubi eine Aufenthaltsgenehmigung und Wohnerlaubnis für die Künstlerkolonie. Mir kamen die Tränen, sollte denn wirklich am Ende alles noch mal gut ausgehen? Hatte ich denn wirklich so gute Freunde, die sich um mich kümmerten? Das war ja auch kein wirkliches Leben mehr gewesen, in Rübensams alter Fischer Kate. Fließend Wasser, die Wände runter und selbst die Ratten hatten mit blutunterlaufenen Augen das klapperige Gebäude fluchtartig verlassen, weil es nicht den Hauch einer Mahlzeit mehr gab.

Nein, es sollte nicht so sein! Das Leben im Jahre des Heils 2027 war nicht nach einem Drehbuch von Walt Disney, da hatten ganz andere ihre Finger im Spiel.

»Nichts ist für immer und nichts ist umsonst.« Das muss man sich immer ins Gedächtnis rufen, dann sind auch die Enttäuschungen im Leben nicht so heftig. Prof. Brune drehte jetzt ganz vorsichtig an dem Rad der Stahlflasche und mit einem leisen Zischen strömte das Botoxgas durch den Riffelschlauch in meinen Körper.

»Herzlich willkommen, Stefan, jetzt kann es richtig losgehen!«

Und wie es losging!

Ich erspare dir, lieber Leser, jetzt die verschiedenen Gespräche, die im Auffangraum unter den Anwesenden geführt wurden und werde mich damit begnügen, nur die herausragendsten Ereignisse, die zum Fortgang dieser Geschichte gehören, zu berichten.

Als erstes kam ein Beauftragter der Bundesregierung an mein Bett und gratulierte mir zum Sieg, zur neuen Bauchspeicheldrüse und zum Altersruhesitz in der Altenkünstlerkolonie *Gitarre, Elek*. Er holte dann verschiedene Papiere hervor, die ich unterzeichnen musste. Das waren im Einzelnen ein Vertrag, in dem ich mich verpflichtete, mit meiner Band Extrabreit Gastspiele im In- und Ausland zu absolvieren und eine Gagenverzichtserklärung. Das war nichts Neues, weil bei den Breiten der Vergangenheit auch stets der Verzicht im Vordergrund stand.

»Wer wird denn vom Geld reden, wenn es um Musik geht!«, sagte einer unserer Manager immer, bevor er sich mit einer nicht unerheblichen Summe aus dem Staub machte. Also, alles blieb beim Alten. Nur diesmal gleich per Vertrag! Eine Alkoholverzichtserklärung, denn das Botoxgas vertrug sich nicht mit Alkohol. Das fiel mir schwer, denn die entspannende Wirkung der westlichen Kulturdroge hatte ich mein ganzes Leben geschätzt und auch keine Probleme damit gehabt. Eher ohne. Dann noch einige Ernährungsvorschriften, bezüglich des Cholesterins. Alles das unterschrieb ich leichtfertig und dachte mir dabei: »Ihr könnt mich mal!« Aber der Beamte der Regierung schockte mich, indem er sagte: »Und denken Sie nicht, Sie könnten uns hintergehen, Herr Kleinkrieg. Wir haben vorgesorgt und verstehen es, unsere Investitionen zu schützen. Während Ihrer Generalüberholung wurde Ihnen nicht nur der Botoxriffelschlauch für die Konditionsstütze implantiert, sondern auch ein Frühwarnsystem, das unmittelbar mit dem Zentralcomputer der Hauptstelle *Ehemalige Gaukler/ Komödianten/Kapellenmusiker* kommuniziert. Also, reißen Sie sich zusammen und nutzen Sie diese einmalige Chance für sich und tragen Sie etwas dazu bei, dass diese Welt lebenswerter wird. Bei missbräuchlichem Genuss von Alkohol oder Tabak kann von der Zentrale aus eine lebensbeendende Maßnahme eingeleitet werden, denken Sie daran! Keine Mätzchen!!! Ich wünsche Ihnen viel Erfolg!«

Sprach's und verließ meine Bettstatt, um sich Bubi zuzuwenden.

Ich sah, wie er die gleichen Papiere, die er auch mir vorgelegt hatte, nun dem Amputierten Bubi zukommen ließ und ihn weiter instruierte.

»Wirst sehen, Stefan, alles wird so werden, wie du es immer geliebt hast. Wir werden die unsterblichen Lieder in ausverkauften Hallen spielen und immer auf Tour sein. Wenn wir nach Hause kommen, hast du dein Zimmer in der *Gitarre, Elek.* Altenkolonie und du wirst glücklich sein. Das Botoxgas garantiert dir ein beschwerdefreies und schmerzloses Leben und nach einer Zeit wirst du den Alkohol und die Zigaretten gar nicht mehr vermissen, nein; du wirst zum ersten Mal in deinem Leben ein nützliches Kettenglied in der großen Geschichte der Menschheit sein und durch deine Arbeit helfen, das Ansehen der Alten in der Öffentlichkeit zu verbessern. Ganz zu schweigen von den Gagen, die sofort der Rentenkasse zugeführt werden. Ja, jetzt wo alle dachten, es ist aus, fängt es erst an! Ist das nicht großartig?«

Lars Larsson strahlte nach dieser Predigt über das ganze Gesicht und hob die Arme weit ausgestreckt, mit den Handflächen himmelwärts, schloss die Augen und wandte auch sein Gesicht nach oben. Es sah aus, als würde er ein Dankgebet zum Himmel schicken; ich drehte mich in meinem Bett herum und ließ einen fahren.

»Stefan, guck mal!«

Es war Bubi, der auf mich zukam, etwas unbeholfen, aber doch aufrecht gehend. Er grinste über das ganze Gesicht und hob das Hosenbein seiner Schlafanzughose, sodass ich das mattschimmernde Metall seiner Prothesen sehen konnte. Er sagte: »Die sind aus einem Metall gefertigt, das aus einem auf der Erde aufgeschlagenen Meteoriten gewonnen wurde. Es ist elastischer als alles, was wir hier kennen und ich bin zehn Zentimeter größer geworden. Ich freue mich auf die Zukunft, ich glaube, sie wird wunderbar!«

Ich zog die Decke über mein Gesicht und roch meinen eigenen Furz, das war mir im Moment angenehmer.

Wie das so ist im Leben: in der Jugend wie im Alter, manchmal öffnet sich eine kleine Insel und wir stehen darauf und beobachten uns selbst.

Ich ließ mein ganzes Leben vor mir Revue passieren und hielt in Gedanken bei der ein oder anderen Station mal an. Manches war schön, manches peinlich, schmerzlich und es gab auch Sinnloses. So wie in jeder Vita. Was aber in den letzten elf Tagen mit mir passiert war, schlug dem Bischof die Mitra vom Köpfchen. Ich konnte es selbst kaum fassen.

Ich lag hier in einem Bett in einem Auffangraum der schrecklichsten TV-Show der Welt und hatte auf wunderbare Weise eine neue Bauchspeicheldrüse bekommen. Eine Apparatur war mir implantiert worden, die mein Wohlbefinden erheblich und spürbar steigerte. Zusätzlich konnte ich, was meine Lebensgewohnheiten anging, ohne dass ich es merkte, überwacht werden. Ich hatte schon überall am Körper rumgetastet, aber ich konnte keine Schnittstellen entdecken, wo man eventuell einen Mikrochip zur Datenanalyse untergebracht hatte.

Der absolute Dampfhammer war aber, dass ich wieder mit den Kollegen aus der letzten Extrabreit-Besetzung auf Tour gehen sollte, um das Image der älteren Bevölkerungsteilnehmer zu verbessern. Und das auch noch mit den längst verstorben geglaubten deutschen Kultshowstars Hildegard Knef und Harald Juhnke!

So mancher der Musikjournalisten, die uns während unserer aktiven Zeit schon für mehr als überflüssig hielten, hätte bei dieser Nachricht einen Alptraum wahr werden sehen und vielleicht hätten selbst wir ihnen einmal recht gegeben.

Das war alles so absurd!

Ich entschloss mich aber nicht weiter über diesen höchst unglaublichen Sachverhalt nachzudenken und bemerkte ein Hungergefühl, das ich möglichst schnell abgestellt sehen wollte.

Ich wollte mich gerade an eine der anwesenden Personen richten, um mein Bedürfnis kundzutun, da bat sich der

Vertreter der Bundesregierung Ruhe und Aufmerksamkeit aus.

Er sagte: »Meine Damen und Herren, ich bitte um Ihre geschätzte Aufmerksamkeit, was ich Ihnen jetzt zu sagen habe, ist von höchster Wichtigkeit und wird Ihr und unser aller Leben verändern. Sie sind auf Beschluss der Regierung der Bundesrepublik Deutschland für diese Aufgabe ausgewählt worden und haben ab diesem Zeitpunkt keine Möglichkeit mehr, von dieser Mission zurückzutreten. Ein Ausstieg aus dieser Sache würde Sie Ihren Kopf kosten, sprich sofortige Entsorgung.

Wir haben dieses Projekt schon in den letzten Jahren des vergangenen Jahrtausends in Planspielen durchexerziert und sind so auf die personelle Zusammensetzung Ihres Teams gekommen. Der Zufall kam uns mit den Forschungserfolgen des Professor Brune zu Hilfe und so entwickelten unsere Soziforscher ein Modell der volksakzeptablen Rockmusik mit subversivem Inhalt. Nachdem wir alle Komponenten, Un- und Wägbarkeit in den Computer gefüttert hatten, spuckte dieser Ihre Namen aus. Ich möchte Ihnen nicht verschweigen, dass es erheblichen Widerstand aus Reihen der Kulturbeauftragten der Jahre 1996–2001 gab. Von unbelehrbar und nicht zielorientiert war die Rede, aber am Ende setzten die Befürworter dieses, unseres, Modells sich durch. Das sich natürlich seinen absolut unschätzbaren Wert durch die Teilnahme unserer Nationalstars Frau Knef und Herrn Juhnke verschafft. Sehr geehrte gnädige Frau, Sie sehen umwerfend aus!«

Er bewegte sich in flinken, kleinen Schritten und mit schief angelegtem Kopf, sowie mit ausgestreckten Armen auf die ätherisch wirkende Knef zu und versuchte, ihr die Hand zu küssen, was aber irgendwie linkisch aussah und auch misslang. Das lag auch an dem Zustand, in dem sich die Knef befand. Sie war zwar da, aber auch irgendwie nicht. So wie ein selbstständiges Hologramm! Ja, das trifft es! Das gleiche galt für Harald.

»Nun weiter«, sprach der Emissär der Regierung. »Sie werden alle persönlichen Obliegenheiten untereinander klären, da mischen wir uns nicht ein. Aber, sie sollten in drei Wochen tourneefertig, das heißt, voll ausgeprobt sein. Wir müssen den Widerstand, der sich im Volk gegen die TV-Show, Klinik Roulette, immer mehr manifestiert, nutzen und jetzt mit dem Beweis antreten, dass alte Menschen etwas leisten können. Das Showgeschäft muss in die Hände der Alten, nur dann haben wir die Möglichkeit, die von Dr. Kohl geplünderten Rentenkassen wieder aufzuforsten und alten Menschen über dem 60sten Lebensjahr einen Platz in unserer Gesellschaft zu überlassen. Wer leben will, muss rocken! Oder Klavierkonzerte geben oder Seiltanzen usw.

Sie werden die Speerspitze der Wiedereinführung der Alten in die Medienlandschaft der 30er Jahre sein, machen Sie sich also auf Anfeindungen durch die Musikpresse und Medien überhaupt gefasst. Aber wem sag ich das, Sie sind es ja gewohnt mit Dreck beworfen zu werden, sozusagen Ihr ureigenes Biotop, ha, ha, ha, ha, ha! Haben Sie noch Fragen?«

»Ich habe Hunger! Wo gibt es hier was zu essen?«

»Dem lässt sich ja abhelfen«, sagte der Herr und zog seinen Ärmel etwas zurück, um auf seine Armbanduhr zu schauen.

»Laut Plan sollten wir diese Räumlichkeiten sowieso jetzt verlassen, um in das für Sie vorbereitete Trainingscamp zu fahren. Die Transporter der Agentur sind schon auf dem Hof. Herr Kleinkrieg, auch Sie sollten jetzt mit den ersten Gehversuchen beginnen. Sie sind medizinisch jetzt in Ihrem wohl besten Zustand, seit Sie leben.«

Er schaute ein bisschen angewidert in meine Richtung und drehte sich dann zu Professor Brune herum. Ich hingegen kam seiner Aufforderung nach Fortbewegungsübungen nach und erhob mich aus dem Krankenbett, in dem ich jetzt zehn Tage ohne Besinnung verbracht hatte.

Es ging sich ganz hervorragend, abgesehen von einem Schwindelgefühl, das aber durch den schon bemerkten Hunger hervorgerufen worden war.

Die Gesellschaft setzte sich langsam in Bewegung und hielt nur kurz an, als man mich absonderte und mir meine eigenen Kleidungsstücke zum Anziehen gab.

»Deine Botoxspritze wirst du vergeblich suchen. Das ist doch alter Kaffee! Hättest die schönen Goldplomben behalten sollen. Na ja, wir haben dich auch dental auf Vordermann gebracht. Bist sozusagen runderneuert!«, bemerkte der erstaunlich launige Professor Brune und erntete einen Lacher der übrigen Leute meiner Gesellschaft.

Endlose Gänge und Flure und dann der bekannte Wirtschaftshof, auf dem ein Reisebus mit abgedunkelten Fenstern wartete. Wir stiegen ein. Ich setzte mich neben Bubi, der mit seinen neuen Prothesen erstaunlich gut zurechtkam und in der Tat seine echten Beine nicht im Geringsten zu vermissen schien.

»Diese Hightech-Prothesen sind sogenannte Show-Pros. Ich kann mit ihnen viermal höher springen als mit menschlichem Gebein aus Fleisch und Blut, selbst untrainiert bin ich jedem anderen Musiker auf der Bühne immer eine bis vier Nasenlängen voraus!«, trötete er jetzt mit seiner unnachahmlichen Stimme direkt in mein Ohr und es fing ganz, ganz langsam an, unangenehm zu werden.

»Sag mal, Bubi, in der Zeit, wo ich weg war, im Koma, was ist denn da so geschehen?«

»Na ja, die haben dann ein riesen Fass aufgemacht wegen unserer zufälligen Zusammenführung und so weiter, alles natürlich abgekartet, von Anfang an. Erst hat das so keiner verstanden. Hatten halt alle die alten Hits von damals vergessen, aber als dann im Fernsehen die Bundeskanzlerin Gülcan sich zu der Sache äußerte und sagte, dass *Nichts ist für immer* ihr Lieblingsoldie wäre, da gab es einen Serverzusammenbruch bei der Downloadadresse des Titels und wir sind auf Platz drei in den Nationalen Charts gerutscht. Dann vermeldeten die Agenturen, dass sich der Widerstand gegen die Klinik Roulette-Show aus den Reihen der ›Menschenfreunde‹ immer breiter entfalten würde und die Demonstranten standen zu 10.000en vor dem TV Studio. Sicherheitskräfte waren Tag und Nacht damit beschäftigt, sie von einer Erstürmung der Räumlichkeiten abzuhalten. Diese ›Menschenfreunde‹ sind eine Bewegung von humanistischen, sozialen jungen Leuten, die dafür einstehen, die Alten nicht als Schmarotzer, sondern als Bewahrer von Wissen und Menschsein zu sehen!«

»Ja, ja, jetzt auf einmal will es mal wieder keiner gewesen sein!«, das sagte ein auf Normalmaß gealterter Rolf Möller, der in der Reihe hinter mir und Bubi Platz genommen hatte.

»Es war eine Top Profi-Show!«, fuhr er fort. »Einschaltquoten, von denen diese Schmocks von jetzt ab nur noch träumen können. Ein Jammer, das alles zu zerstören. Man hätte doch behutsam, langsam die ganze Sache entschärfen können. So Leute wie Doc Snyder sind natürlich nicht tragbar, aber mein Gott, das ganze Ding hatte auch seine guten Seiten! Diese verfluchten Dilettanten. Alles umsonst, die ganze Arbeit!«

»Sie haben ihn von seinem unbehelligten Zugriff auf das Botoxgas abgeschnitten. Er bekommt jetzt nur noch die übliche stabilisierende Dosis, wie wir auch. Das geht ihn natürlich schwer an, er war ja sehr hochdosiert!«, flüsterte Bubi mir verschwörerisch ins Ohr.

Larsson unterhielt sich mit Kai und der Junge mit der Gitarre saß neben den beiden und nickte oder fiel ab und zu in das Gespräch ein.

»Der ist dabei, weil sie meinen, dass 2003 die Kombination von Liedermachern vor unserem Auftritt absolut das Beste war, was wir so angeboten haben«, meinte Bubi und zuckte mit den Achseln. »Außerdem hat der mit dem Larsson die ganzen letzten Jahre gemeinsame Sache gemacht.«

Der Professor und der Herr von der Regierung standen noch im Eingang des Busses beim Fahrer, ich schaute aus dem Fenster, durch das man zwar nicht ins Innere des Busses blicken konnte, aber freie Sicht nach draußen hatte. Der Wagen setzte sich nun in Bewegung und der Herr von der Regierung verteilte Lunchpakete mit den Worten: »Für den ersten Hunger wird es schon reichen.«

Wir rollten aus dem Wirtschaftshof des Fernsehstudios des Grauens einer ungewissen Zukunft entgegen und ich wünschte, ich hätte eine Zigarette gehabt. Aber das Zeitalter der Wichser hatte nach den Nichtrauchergesetzen von 2007 nie mehr aufgehört.

Da war es ja wieder, das vertraute Brummen und das leichte Schaukeln, das ich so lange vermisst hatte. Jeder, der das einmal in seinem Leben mitgemacht hat und nicht ein schwarzherziger Teufel ist, wird meine Sentimentalität verstehen. Es gibt nichts, was mit der Reise einer Band, nachts im Nightliner, zu vergleichen ist. Das beruhigende Brummen des Diesels, das Schaukeln der Zeitkapsel, in der man sich von einem Ort zum andern bewegt, um dann genau dasselbe zu wiederholen, was man einen Abend vorher schon getan hat. Einen Abend? Einen Monat? Ein ganzes Leben!

Es war großartig. Mir fielen wieder die Worte von Carlo Karges ein, dem längst verstorbenen, bei Nena zu Weltruhm gelangten Gitarristen, der auch bei den Breiten seine Spuren hinterließ.

»Wenn man mit einer Band auf Tour ist, interessiert einen das Kleingedruckte nicht mehr. Das ist dann nur noch für Tintenpisser!« Recht hatte er! Sie hatten alle keine Ahnung! Plattenverkäufe, Chartnotierungen, Musikverleger, Manager, Rechtsanwälte, Produzenten, alles das war zu vernachlässigen, der wahre Jochen war das Tour-Geschäft. Das war der Grund, warum man überhaupt eine Band gründet!

Wir waren zwar noch nicht auf Tour, aber die Besetzung war, wenn auch etwas klapperig und mit Hightech-Drogen zusammengeklebt, wieder an Bord.

Schade, dass sie Carlo nicht in dem Programm hatten, ich hätte gerne mit ihm noch einmal geplaudert. Bei diesem Gedanken fielen mir die beiden »Berater« Juhnke und Knef ein.

Die beiden saßen schweigend nebeneinander und guckten ins Nichts.

Na ja, da hatte das Botoxgas auch ganz schön was zu tun, um die am Laufen zu halten, die waren doch mindestens …, wenn nicht noch mehr Jahre alt.

Ich spielte gedankenverloren mit meiner Botoxgasflasche rum und drehte ein bisschen an dem Verschluss. Mit einem ziemlichen Zischen kriegte ich einen Flash, dass ich dachte, mir würde die Schädeldecke abgesprengt und mein

Hirn würde als heliumgefüllter Ballon über allem schweben und seine Eindrücke zu meinem Körper als Basisstation runterfunken. Irre!!!

Dazu kam noch ein anderes, längst vergessenes Gefühl.

Es war wie eine Fahrt auf einem Motorrad in einer heißen Sommernacht. Du hast die Taschen voller Geld und die Stadt fliegt golden-glitzernd an dir vorbei. Alles, was du anfasst, wird zu Gold und du bist unwiderstehlich! Es fühlte sich an wie, es fühlte sich an wie … Jugend!

Ja, das war es! Ganz eindeutig! Es war wie ein bekannter, lange vermisster Geschmack und ich hatte im Laufe der Jahre vergessen, wie es sich anfühlte. Ich schaute zu Rolf, der mir tief in die Augen sah, deutlich nach Luft schnappte und nach Atem rang.

»Ja, ja, das ist der *Flaschengeist*, der alles wert ist! So fing es bei mir auch an. Nur mal kurz aufdrehen und dann wieder vernünftig sein. Denkste, Puppe! Da wird dann eine Rechnung aufgemacht, bei der man nur Verluste nachweisen kann!«

Er wandte seinen Kopf ab und ich war mir sicher, Tränen in seinen Augen gesehen zu haben.

Ich war wie benommen. Ich hatte eine einzige Sekunde den Kick der Jugend gespürt und war wie besessen davon. Das war ja keine Droge, Drogen waren ein Scheiß gegen dieses wahnsinnige Gefühl, es mit allem aufnehmen zu können. Gut, dachte ich mir, dein Leben ist doch sowieso vorbei. Von Zugaben kann doch hier nur gesprochen werden. Mit diesem Zombie-Zoo und dieser Planwirtschaft, von bundesrepublikanischem Kalkül, hast du doch nicht das Geringste gemein. Ich sehe jetzt zu, dass ich die letzten Zuckungen auf diesem Planeten so komfortabel wie möglich überstehe. Ich schaute aus dem Fenster und die Nacht raste an mir vorbei. Bubi schlief neben mir und sein Kopf schaukelte im Takt der Straße. Meine Gedanken überschlugen sich und ich verfiel in die alte Angewohnheit, mir Situationen vorzustellen und auch mögliche Schwierigkeiten einzubauen.

Aber es gelang mir nicht, mich von dem gerade Erlebten zu lösen. So etwas hatte ich noch nie gespürt und ich griff wieder zu dem Rad an der Botoxgasflasche und drehte sehr vorsichtig daran.

Zizizizschschsch. Wunderbar.

Ich lehnte mich zurück und guckte in das Fenster des Nightliners, das von innen natürlich wie ein Spiegel wirkte, konnte aber keine Verjüngung an mir feststellen. Ich sah immer noch aus, als ob ein ganzes Altersheim in meinem Gesicht geschlafen hätte. Jahrzehnte des Raubbaues und der Rücksichtslosigkeit gegenüber der eigenen Physiognomie waren auch durch den Brune-Hammer nicht wegzukloppen.

»Richtig fun wird das erst, wenn du anstatt des Riffelschlauches das Düsenventil einer Acetylenflasche mit einer medizinischen Mundmaske benutzt! Das schafft was weg!«

Rolf hatte mich die ganze Zeit beobachtet und sich jetzt in die Sitzreihe hinter Bubi und mir gesetzt.

»Obacht, Larsson und der Regierungsspecht gucken sich die Augen scheckig nach uns!«, tuschelte er verschwörerisch und ließ sich nach hinten in den Sitz sinken, während er leise vor sich hinsang:

»Wer wird denn hier weinen,
wer wird denn hier jammern ...!«

Ich guckte zu Bubi rüber, der ein Augenlid hochhob, und sagte: »Lasst mich aus der Nummer raus, ich habe genug mitgemacht. Die Beine haben sie mir abgenommen, die Schweine!«

»Wir brauchen diese Düsen, komme was wolle. Los, Möller, wo gibt es den Scheiß, du hast doch ewig damit rumhantiert«, meinte ich jetzt nach hinten zu Rolf.

»Ich habe einige Ersatzdüsen in der Agentur für *Ehemalige Gaukler/Komödianten/Kapellenmusiker* deponiert, als Notersatz. Wenn wir, was ich nicht weiß, dorthin fahren, kann ich sie gefahrlos holen. Plus mehrere Mundatemmasken«, sagte Rolf begeistert. Wer ihn kannte, wusste, dass man ihn, was Vorräte betrifft, niemals mit heruntergelassenen Hosen erwischte. Er hatte mit Sicherheit ein Reservedepot.

Wir hatten unsere Unterhaltung zwischen zusammengepressten Lippen geführt, um so leise wie möglich zu sein, was aber nichts hieß, da wir schon in den 90er Jahren des vergangenen Jahrtausends sehr harthörig waren.

»Na, tauscht ihr Erinnerungen aus? Sehr schön! Euch so zusammen zu sehen, lässt mir das Herz übergehen!«

Larson hatte seine Unterhaltung mit Kai und dem Jungen mit der Gitarre beendet und war zu uns rüber geschlendert, um zu plaudern.

»Ja, das haben wir in der Tat gemacht«, sagte ich. »Ich wollte gleich mal zu Kai, habe mich noch gar nicht für die Bauchspeicheldüse, äh, Drüse bedankt. Lohnt das noch, oder sind wir bald in der Agentur?«, fragte ich scheinheilig und sah wie Rolf für den Bruchteil einer Sekunde das Gesicht zu einem fiesen Grinsen verzog.

»Wir sind gleich da. Dann wartet ein schickes Abendessen auf uns und ihr könnt euch alle so richtig ausquatschen«, war die Antwort von Lars Larsson, dem Arglosen.

Jetzt wussten wir, dass wir auf dem Weg zu den Düsen waren und Bubi flüsterte: »Nein, ich ahne es schon. Ihr setzt wieder alles aufs Spiel und wir verlieren wieder! Es hört nie auf! Nie, nie, nie!!!«

»Ach, keine Bange, lass den alten Möller mal machen. Das klappt schon. Jetzt hier als Tattergreis noch so kuriose Runden drehen, nein, nicht mit mir. Ich habe das Zeug doch schon gesaugt, solange du genug davon hast: Spitze! Du musst nur genug haben! Wir kochen den Prof. schon weich, dann geht es wieder ab, Jungs! Schackalacka, bums die Kuh!« Er war in Hochform.

»Meine Damen und Herren, wir nähern uns dem Ziel unserer Reise. Es wartet jetzt ein ausgiebiges Abendessen auf Sie und danach werde ich Ihnen Ihre Zimmer zuweisen, in denen Sie die Nacht verbringen, bevor wir morgen um etwa 09:30 Uhr mit dem Programm anfangen. Medizinische Tests. Studio besichtigen und dann erste Proben. Nur sich mal ganz locker wieder mit den Instrumenten vertraut machen, spielen, Spaß haben. Ha, ha, ha!«

Ich dachte so bei mir: »Wenn du wüstest!«

Wir verlangsamten die Geschwindigkeit abrupt und der Vertreter der Regierung musste sich festhalten, um nicht von den Beinen gerissen zu werden.

»Meine Fresse, geht das schon wieder los?«, murmelte der Fahrer des Nightliners vor sich hin. Bubi, Rolf und ich reckten uns in Richtung Windschutzscheibe und sahen Hunderte von Menschen. Es war eine Demonstration der »Menschenfreunde«, die die sofortige Abschaffung der Fernsehshow »Klinik Roulette« forderten und auch auf unsere Freiheit bestanden. Sie hielten Plakate hoch, auf denen stand »Freiheit für Extrabreit«. Das rührte mich schon ein wenig an, denn diese braven Leutchen wussten ja nicht, was hinter den Kulissen wieder für ein schmieriges Spiel gespielt wurde und opferten ihre Zeit, um dem gesunden Menschenverstand Gehör zu verschaffen.

Unser Bus rollte unbarmherzig durch die Menschen und wurde dabei von Sicherheitskräften der Agentur begleitet, die sich mit dem Gummiknüppel Respekt verschafften. Die Agentur glich einem Fort. Die Mauern waren mit Sandsäcken und MG-Nestern sowie Natodraht gesichert und alle zehn Meter war ein leistungsstarker Suchscheinwerfer angebracht, der ständig in Bewegung war. Das ganze Szenario stimmte mich abgrundtief traurig, denn ich wurde mir meiner Schäbigkeit durch diese Umstände voll bewusst.

Diese Menschen waren moralisch im Recht. Wenn ich jünger gewesen wäre, würde ich jetzt da unter ihnen stehen.

Ich war alt, auf der falschen Seite und konnte an nichts anderes mehr denken als an diese Düsen, die mir die verlorene Jugend zurückbringen sollten. Egal, um welchen Preis.

Ich hatte Rolf ja gesehen, als er dem Missbrauch des Brune-Hammers verfallen war. Ein absolutes menschliches Wrack. Jetzt sah er zwar älter aus, aber doch ungleich besser als dieser Showpapagei, den ich im Studio des Grauens nach all den Jahren wiedertraf.

Mich schreckte das nicht ab, ich warf ihm einen bedeutungsschweren Blick zu, als wir den Bus verließen, der jetzt im Hof der Agentur seine endgültige Parkposition eingenommen hatte.

»Dass wir uns noch mal wiedersehen und dann auf solche Art und Weise, hätte wohl keiner jemals zu denken gewagt, was Stefan?« Es war Kai, aka Biff, der jetzt den Bus neben mir verließ.

»Nein, das konnte keiner ahnen. Nach all den Jahren und dann so etwas. Vielen Dank auch noch für die Bauchspeicheldrüse, das war echt in letzter Sekunde, ohne dieses Organ würde mir wahrscheinlich diese ganze Sache nichts mehr ausmachen. Ich meine, dann wäre ich wohl dahin!« Vielleicht wäre das besser, das sagte ich aber nicht, das dachte ich!

»Nichts zu danken, das gehörte zum Job, den ich jetzt, Gott sei Dank, los bin. Waren auch für mich keine leichten Jahre, seit Magdeburg 7.«

Er erzählte mir seinen gesamten Werdegang, von der Zeit an, als sein Buch und die darauffolgenden literarischen Veröffentlichungen Mega-Erfolge wurden und er als Moderator Karriere machte. Angefangen hatte alles mit einer Verpflichtung als MC bei der Werbeshow eines Telekommunikationsherstellers und endete, als man ihn als Nachfolger von Thomas Gottschalk einstellen wollte. Leider rauchte Kai immer noch wie ein Schlot einer Zeche aus den 60er Jahren und Gottschalk fiel beim Castinggespräch wegen einer Feinstaubvergiftung ins Koma.

Havaii wurde sofort wegen des Verstoßes gegen die Nichtrauchergesetze und der Haager Landkriegsordnung ins Nichtrauchergefängnis Magdeburg 7 eingeliefert und entzogen. Dort hatten wir uns ja kurz gesehen. Ich habe darüber berichtet. Während seiner Haft machte man ihn mit den Plänen der Regierung vertraut und schulte ihn um. Er benutzte dann den Künstlernamen Biff Kravallo und wurde der Medienstar der 20er Jahre des einundzwanzigsten Jahrhunderts. Wohl fühlte er sich dabei auch nicht, aber die Regierungskräfte übten massiven Druck auf ihn aus. Vor allem wegen des unglücklichen Abgangs des Showmasters Gottschalk, der immer noch wie ein Damoklesschwert über Kais Kopf hing und der auch das Ende der bundesrepublikanischen Samstagabend Unterhaltung unwiederbringlich einläutete.

Jetzt hatten wir das Gebäude erreicht und ich erinnerte mich an diese endlosen Gänge und Flure.

»Herzlich willkommen in der Agentur«, sagte der Regierungsvertreter, »das ist ab jetzt Ihr neues Zuhause, sozusagen Ihre neue Rockranch!«

Wir setzten uns dann in einem eingedeckten Raum zum Essen hin und Rolf fragte nach der Toilette. Es gab Sauerbraten mit Klößen und Blaukraut. Dazu Apfelschorle, als Nachtisch Mandarinenquark.

Rolf hatte mir, als er vom Klo zurück gekommen war, zugenickt und ich konnte die Aufhebung der Tafel kaum abwarten.

Endlich verkündete der Regierungsfreier: »So hier sind die Schlüssel zu Ihren Zimmern, ich lege sie mal hier auf den Tisch. Die dementsprechenden Namen stehen auf den Anhängern und Sie bedienen sich nach dem Essen selbst. Sie sind ja schon groß. Ha, ha, ha!!!«

Wir klaubten unsere Schlüssel auseinander und dabei fiel die jahrelange Routine im Beziehen von zweitklassigen Tour-Hotels positiv ins Gewicht. Bei so etwas waren wir nicht zu schlagen.

Übrigens, wer sich jetzt fragt: »Ja, wo sind denn Hilde und Harald?«, den muss ich enttäuschen, das wusste ich auch nicht, die waren seit unserer Ankunft nicht mehr da. Auch beim Essen waren sie schon weg.

Ich hatte mein Zimmer neben Rolf und wir trafen uns – Bubi, Kai, Rolf und ich – in meiner Kemenate. Lars war nicht eingeweiht und saß mit dem Jungen mit der Gitarre und Professor Brune sowie dem Regierungsvertreter noch über der Quarkspeise.

»Hast du die Teile?«, fragte ich nervös.

»Sischa, sischa!«, imitierte Rolf einen grässlichen Komiker aus längst vergangenen Tagen, der mit seinem debilen Köln-Humor Millionen verdient hatte.

Er zeigte uns, wie wir die Edelstahlgasflaschen mit den Ventilen der Acetylenflaschen umrüsten konnten und verteilte dann die medizinischen Gasatemmasken, die an ihren Riffelschläuchen an die Ventile angeschlossen wurden. Der implantierte Riffelschlauch war jetzt nur noch Makulatur und wir stopften ein bisschen Toilettenpapier in ihn hinein.

»Wenn das alles wieder rauskommt, sind wir geliefert!«

»Meinst du das Toilettenpapier oder den Sachverhalt? Mein Gott, bist du ein Schisser!«, sagte Kai zu Bubi. »Was sollen sie denn machen? Wir stehen doch sowieso auf der Abschussliste.«

Ich nahm die Gasatemmaske vor den Mund und drehte das Ventil vorsichtig auf. ZiZiZischsch!!! Spitze, ich kann gar nicht beschreiben wie es war. Alle Zimmperlein, an die man sich mit dem Altwerden schon gewöhnt hatte, waren auf einmal verschwunden. Großartig! Ich konnte Rolf verstehen, davon würde ich auch die Finger nicht mehr lassen.

Es war ein richtiges Zischkonzert, als wir alle vier die Behälter ewiger Jugend öffneten und gierig das von Professor Brune entwickelte Gas in unsere Lungen saugten.

»Hallo, hallo, meine Herren, wo sind Sie denn? Ich will Ihnen doch mal Ihren Proberaum zeigen!« Der Regierungsheini taperte durch die Gänge und suchte uns!

»Hier, Meister, wir kommen schon!«

»Dann mal los. Vielleicht wollen Sie schon mal alles antesten? Herr Larsson ist schon mit den anderen vorgegangen!«

Wir folgten ihm in einen Seitentrakt des Gebäudes und dort sahen wir Larsson und die anderen, die fassungslos vor einer Anlage standen, die Dimensionen hatte, wie wir sie uns zu unseren besten Zeiten nicht hatten leisten können.

»Wir wollen schließlich, dass Sie sich Gehör verschaffen, meine Herren. Alles vom Feinsten!«

Wir inspizierten unsere bereitstehenden neuen Instrumente und machten uns mit den technischen Gegebenheiten der Gitarrenverstärker vertraut. Alles erstklassige Ware.

Zu der Ausrüstung gehörten auch ein paar Techniker, die uns unverständliche Details der Apparatur erklärten.

Dann legten wir nach endlos langen Jahren der Abstinenz von unserer musikalischen Tätigkeit wieder los.

Sturzflug, 3-D, Lottokönig ... Es machte einen Mörderspaß und ab und zu, wenn wir uns unbeobachtet fühlten, saugten wir an der Gasflasche.

Bubi hatte Recht: Die Zukunft würde prima!

Wir rockten wie in unseren allerbesten Tagen und die beiwohnenden Techniker sowie der Regierungsheinz, der Junge mit der Gitarre und was weiß ich wie die Bande von Leuten hieß, die sich in dem Studio rumdrückte, waren begeistert.

»Das ist ja der Wahnsinn!«, meinte Lars Larsson. »Ihr rockt ja wie vom Teufel besessen, ganz toll! Alte leisten etwas! Ich habe es gewusst!«

Er war jetzt ganz Beauftragter für die Vergabe von Pensionszimmern in der Altenkünstlerkolonie *Gitarre, Elek*. Wir nickten verschämt und Rolf fing mit dem Intro des unvermeidlichen »Der Präsident ist tot« an. Der moderate Rhythmus ließ die anwesenden Personen mitschunkeln und Kai streckte den Zeigfinger aus und schrie: »Sonntagmorgen …!«

Alles war wie immer. Die gleiche Nummer wie vor Jahren. Ich musste lachen. Wie oft hatten wir uns mit dem Material unserer Jugend schon aus dem Dreck gezogen? Und jetzt hatte es Dimensionen angenommen, die den alten Orwell und Jules Verne vor Neid hätten grün werden lassen. Egal, mein Alter und meine Situation ließen keine moralischen Bedenken zu, ich musste diesen Krampf mitmachen, wenn ich noch ein bisschen weiterleben wollte. Die Entsorgung sollte zwar ein schmerzloser Prozess sein, aber wer will schon gerne eine orange Pille schlucken und dann ab in den Orkus?

»Meine Herren, ganz toll! Ich bin mir sicher, das wird ein Riesenerfolg! Jetzt würde ich die Session aber gerne abbrechen und Sie ins Bett schicken. Morgen ist auch noch ein Tag!«, ließ der Regierungstrottel verlauten und da wussten wir, dass sie die Schraube jetzt langsam anzogen und uns bevormunden würden, wie ein Ochsengespann auf einem vietnamesischen Reisfeld. Immer mit der Drohung der Entsorgung in der Jackentasche.

Nun gut, wir stellten die Instrumente weg und legten uns brav in unseren Zimmern ins Bett.

Morgen sollten wir endlich unsere Bleibe in der Altenkünstlerkolonie beziehen, also dahin kommen, worum es speziell mir und Bubi gegangen war. Ich schloss die Augen und schlief glücklich ein.

Nach einer unruhigen Nacht, Jonas Brotolino erschien mir öfters im Traum und erkundigte sich nach dem Verbleib seiner Bauchspeicheldrüse, frühstückten wir zusammen und bestiegen dann den Nightliner, um in die Altenkünstlerkolonie verbracht zu werden.

Vor der Agentur standen Hunderte von Demonstranten, die gegen Klinik Roulette protestierten, aber auch Hunderte von jungen Leuten, die sich als Fans der Band bemerkbar machten.

»Ihr habt gestern Nacht so laut gespielt, dass sich hier ein paar hundert Leute zusammengefunden hatten und das ist dann wie ein Lauffeuer durch das Land gegangen, dass ihr wieder richtig am Netz seid!«, sagte der Busfahrer. »Meine Tochter bittet auch um ein Autogramm!«

Wir grinsten zufrieden und saugten erst mal etwas Gas!

Die Zimmer in der Altenkolonie brachten uns dann wieder auf den Boden der Tatsachen zurück. Hardcore!

»Das Leben ist keine Zuckerwattezentrifuge! Sie sollen sich immer daran erinnern, dass Sie keine Ansprüche auf Entgelt, Tantiemen oder sonstige Vergütungen durch die Einkünfte Ihrer Band haben. Das fließt alles ausnahmslos in die Rentenkassen!«, verkündete der Regierungsprofos und schaute streng über seine Brille. »Ihr Reichtum ist nur virtuell!«

Ich war trotzdem glücklich. Ich hatte endlich das kleine Eckzimmer in der heruntergekommenen alten Kaserne, von dem ich auf Amrum immer geträumt hatte. Halleluja, ich war zuhause angekommen. Es schien warm, aber vor allen Dingen trocken in der Kammer zu sein. Ich würde mir da schon eine Bude draus machen, in der ich die letzten Tage meines Daseins auf diesem Planeten menschenwürdig verbringen konnte.

»Ihre Anlage und Instrumente werden durch die Techniker hierher in den alten technischen Bereich gebracht und es wird auch eine Aufzeichnungsmöglichkeit geben. Herr Kleinkrieg, damit Sie sich auch richtig heimisch fühlen, heißt das kleine mobile Studio *Rapido-Studio*. Ja, wir wissen, was Sie Ihren Einrichtungen für Namen gegeben haben!«, schwadronierte der Regierungspenner so vor sich hin.

Was soll ich sagen, die Arbeit nahm also ihren Lauf. Jeden Tag Proben und zum ersten Mal arbeiteten wir auch an einer Choreographie. Hierbei tat sich Bubi besonders hervor. Durch die Prothesen, die aus dem Weltraummetall, war er in der Lage, aus dem Stand drei bis vier Meter hoch zu springen. Er wurde in dieser Disziplin immer besser und wagemutiger. Eine seiner Top-Kapriolen war ein drei bis dreieinhalb Meter hoher Sprung, bei dem er, wenn er den Scheitelpunkt erreicht hatte, die Beine auseinander spreizte und die Gitarre an ihrem Gurt einmal um den Körper schleuderte. Das sah absolut fantastisch aus und wir hielten jedes Mal den Atem an, wenn er wie ein Zebulon durch den Luftraum des Probenstudios zischte.

Aus einer seiner Prothesen, ich weiß nicht mehr aus welcher, wurde ihm ein sechs Zentimeter langes und zwei Zentimeter dickes Stückchen herausgeschnitten. Aus diesem Teil formten die Techniker mir dann einen neuen Zeigefingerknochen für die rechte Hand. Professor Brune, der außer der Herstellung von massenhaft Botoxgas nichts zu tun hatte, implantierte und modellierte mir dann den Ersatzfinger und ich konnte Downstrokes spielen, wie kein Mensch vor mir auf dieser Welt. Der alte, mir von der Schöpfung mit auf den Weg gegebene Knochen war im reinsten Sinne des Wortes zermürbt! Millionenfache Anschläge hatten das letzte Gelenk zerschreddert.

Rolf war wieder hochdosiert und hatte mit den mittlerweile mörderischen Tempi von »3-D«, »Sturzflug« und anderen Liedern aus der Rappelabteilung nicht die geringsten Probleme. Kais Stimme hatte der Zwangsentzug in Magdeburg 7 hörbar gut getan, aber auch das verjüngende Botoxgas ließ ihn wieder in stimmliche Höhen kommen, die er nach der dritten LP eigentlich verlassen hatte.

Kurz gesagt, wir waren ein Deutschrockmonster geworden! Unschlagbar!!!

So nach einer Woche, es war spät in der Nacht und wir hatten den ganzen Tag geprobt, klimperte ich verträumt auf der Gitarre herum. Kai war schon zu Bett gegangen und die anderen hingen noch so im Rapido-Studio rum. Wie es dann immer so ist, erst steigt einer und dann der andere in ein Stück ein und am Ende wird es dann ein Lied.

Beeinflusst von den Geschehnissen der jüngsten Vergangenheit fiel mir ein Text ein, den ich in einer anderen Zeit – mein Gott, schätzungsweise vor zwanzig Jahren – geschrieben hatte und der jetzt wie eine Prophezeiung anmutete. Ich bat den Techniker das Aufnahmegerät zu starten.

»Die Zukunft liegt im Dunkel« war orakelhaft.

Es sollte unser letzter Abend in dem Rapido-Studio sein.

Das Unternehmen kam in Schwung. Wir machten noch Fotos und eine großangelegte Pressekonferenz. Dann stand auch schon der erste Auftritt vor der Tür.

Eine Riesenarena in München, der Edmund-Stoiber-Dom, war komplett ausverkauft und wir saßen in der Garderobe.

»Noch 10 Minuten!«, rief Rolfs ehemalige Sekretärin durch den Türspalt. Sie hatte sich in die neue Situation problemlos eingefügt und leistete gute Arbeit für ihren neuen Herrn, den Regierungspatron.

Wir begannen mit dem üblichen Ritual und machten uns bühnenfertig. Dann öffneten wir die Tür, um über endlose Gänge und Flure zur Bühne zu gelangen.

»Hier ist jetzt Endstation für euch Mumien!«

Etwa zehn Mann, angetan mit schwarzen Overalls und mit Baseballschlägern bewaffnet, standen direkt vor unserer Garderobe. Ich sah das Ärmelabzeichen mit der durchgestrichenen Greisensilhouette und wusste, dass auf dem

Rücken »Sterbehilfe statt Rente« stand. Diese Jungs gingen nicht mit dem Trend, sie wollten sich vor allen Dingen ihren Spielplatz nicht wegnehmen lassen.

Lars wollte auf seine eigene Weise moderieren, aber das kam weniger gut an und er fing sich eine schallende Ohrfeige ein.

Wir anderen guckten uns tief in die Augen und fixierten den Jugendmob.

»Ach ja, Mumien?«, schnaubte Rolf verächtlich und wie beim Gunfight am O.K. Corral griffen wir gleichzeitig zu unseren medizinischen Atemmasken und rissen das Ventil der Gasflasche auf. Drei bis vier Züge Vollgas brachten uns gentechnisch auf den Stand eines 20-Jährigen mit fünf Gramm Speed im Blut. Mit allem, was wir in den Händen hatten, hackten wir auf die Bande los und wurden ihrer schnell Herr. Was von den verdutzten Typen noch laufen konnte, entfernte sich blitzartig. Auf dem Boden lagen ein paar blutverschmierte Gestalten, über die wir wegstiegen und uns auf den Weg zur Bühne machten. Natürlich waren unsere Gitarren bei dem Angriff der Jugend zu Bruch gegangen, aber wir hatten ja genug, unser Herz hing schon lange nicht mehr an materiellen Dingen, die durch andere ersetzt werden können.

Der Auftritt war eine Sensation und die Medienwelt überschlug sich. Wir tourten dann in Europa und Nordamerika und fanden heraus, dass die Bundesregierung uns praktisch als Werbeträger für das Botoxgas benutzte, das sie jetzt tonnenweise exportierte.

Es war uns aber egal. Geld bekamen wir keins und nach den Tourblöcken wurden wir in die Altenkünstlerkolonie geschafft.

Bubi und ich in die Abteilung *Gitarre, Elek.*, Rolf zu *Schlagwerker* und Kai hatte sein Zuhause bei *Vox-deutsch*. Lars war noch nicht alt genug und musste für die Agentur repräsentative Maßnahmen regeln.

So vergingen ein bis zwei Jahre und es war Anfang Herbst, als wir von einer ausgedehnten Asientournee zurückflogen. Ich saß am Fenster und guckte auf eine unwirkliche Szene aus tiefblauer Hoffnungslosigkeit und schwefelgelber Verzweiflung.

Es hatte angefangen, keinen Spaß mehr zu machen!

Wir waren mechanisiert und die Fehlerquote lag bei nahezu Null.

Unsere Musik war durch die totale Perfektion gestorben. Sie hatte den Weg gewählt, der eigentlich uns bestimmt war. Wir hatten seit der »Begasung« weder geraucht noch Alkohol getrunken und befanden uns auch ohne den Brune-Hammer in einer akzeptablen Verfassung.

Nur das Gemüt machte nicht mehr mit. Wenn man hundertmal oder mehr »Tisch« hintereinander sagt, verliert das Wort jegliche Bedeutung. Wir hatten aber die Titel unseres Programms mehr als ein paar tausendmal gespielt und fühlten nun nichts mehr dabei.

Neue Stücke durften wir nicht machen, weil die Inhalte sonst zu sehr aus der »Altensicht« gewesen wären.

Zu »gefühlsduselig«!

Wir waren in der Künstlerkolonie angekommen und würden uns nun drei Monate hier aufhalten. Bubi und ich mussten nach den Tourneen die teuren Prothesen beim Regierungsjochen abgeben und bekamen sie erst wieder ausgehändigt, wenn Aufgaben musikalischer Natur anstanden.

Somit war Bubi ein alter Amputierter und ich ein alter neunfingeriger Gitarrist. Tolles Schnitzel, so was hatten wir uns ja immer gewünscht! Großzügigerweise hatte die Regierung Bubi einen Rollstuhl zur Verfügung gestellt, in dem ich ihn immer nach dem Mittagsschläfchen durch das Gelände der ehemaligen Russenkaserne schob. Um uns den Aufenthalt angenehm zu machen, war das Gelände in eine parkähnliche Landschaft verändert worden und wir rollten jeden Nachmittag den gleichen kleinen Weg am Zaun entlang. Nach dem Zaun kam eine stillgelegte Braunkohlegrube, die etwa 100 Meter in die Tiefe ging. Wie eine Steilküste. Das Herbstlaub schwebte durch die Luft und es waren nur noch wenige Tage, die das Jackenwetter vom Handschuhwetter trennten. Wir hatten einfach genug. Genug von der kaputten Welt, die Typen wie wir sowieso nicht verändern können, genug von den Menschen mit ihrer ewigen Gier nach Fortschritt und Erneuerung! Genug von uns selbst und unserer künstlichen Existenz.

Ich hatte mir bei unserem letzten Gig in Japan ein Sixpack Bier in mein Gepäck geschmuggelt und es war nicht entdeckt worden. Das hatte ich jetzt auf unserem Spaziergang dabei. An der kleinen Bank angekommen, die direkt am Zaun zur »Steilküste« stand, sagte ich zu Bubi: »Ich kann nicht mehr und ich will auch nicht mehr, alles, was ich je am Musikmachen geliebt habe, ist tot und ich selbst bin es auch. Ich will auch nicht mehr an dieses Gas angeschlossen sein. Ich mache Schluss.«

»Mir geht es genauso. Ich habe einfach nicht mehr die Kraft, es noch länger auszuhalten. Ich gehe mit dir.«

Er war wohl der Überzeugung, ich wollte mich in die Tiefe der Braunkohlegrube stürzen.

»Guck mal, was ich hier habe«, sagte ich und zeigte ihm das Sixpack, das ich im Batteriefach seines Rollstuhls versteckt hatte.

»Bier! So willst du es also machen! Tod durch Fernentsorgung! Genial.«

Ich griff unter meine Jacke, die schon lange nicht mehr aus Leder war und löste die Gasflasche. Mitsamt der Atemmaske und dem Riffelschlauch warf ich sie im hohen Bogen über den Zaun und das Utensil, das die letzten zwei Jahre meines Lebens bestimmt hatte, fiel in die Tiefe. Den implantierten, aber stillgelegten Riffelschlauch im Nacken würde ich wohl mit in die Kiste nehmen müssen. Bubi reichte mir seine Apparatur und bat mich, sie auch fortzuschmeißen, da er aus dem Rollstuhl nicht so viel Schwung holen könne. Ich hatte auch ein Päckchen Zigaretten aus Japan mitgehen lassen und steckte mir jetzt eine an.

Vorsichtig und mit dem Habitus eines Gourmets sog ich den Rauch in meine Lungen, dabei öffnete ich das eiskalte Bier und reichte Bubi die erste Dose herüber. Ich selbst nahm aus der zweiten Dose einen so tiefen Zug, dass ich mich beinahe verschluckt hätte. Der so lange vermisste Geschmack von Tabak und Bier breitete sich im Rachenraum wohlig aus und der Alkohol dockte sofort an die entwöhnten Rezeptoren an. Das hatte gefehlt! Die ganze Zeit waren wir nur am Gängelband von Sklavenhaltern vorgeführt worden.

Wer seinen Genuss nicht selbst bestimmt, bestimmt gar nichts!

Wir tranken so schnell wir konnten, denn wir wussten ja, dass wir durch die Chips in unserem Körper den Genuss von Alkohol und Tabak nicht verheimlichen konnten und waren uns auch sicher, dass die humorlose, fitnessorientierte und stumpfe Behörde uns sofort entsorgt, als plötzlich die Luft anfing zu vibrieren.

Ein fast stürmischer Wind kam auf. Bubi und ich klammerten uns aneinander und schauten in Richtung Abgrund, der ja nur durch den Maschendrahtzaun von uns getrennt war.

Ein tiefes Grollen, wie von 10.000 vollgaslastigen Mack Trucks, erfüllte die Luft und mir bleib fast der Atem stehen und ich dachte, jetzt wäre ich für immer taub, aber da hörte ich Bubi ohne große Anstrengung sagen: »Scheiße, was ist das denn? Ist das jetzt die Entsorgung?«

Eine fliegende Untertasse mit ungefähr 300 Metern Durchmesser tauchte direkt aus der Tiefe der Braunkohlegrube vor uns auf und blieb etwa 30 Schritt vor uns in der Luft stehen. Bunte Positionslichter, oder was wir dafür hielten, blinkten wie blöde und wir hielten den Atem an.

Da öffnete sich ein scheunentorgroßes Luk. In der Öffnung standen Hilde und Harald!

»Kommt schon, Junges, auf Sirius 21 haben sie ähnliche Probleme mit der immer älter werdenden Bevölkerung. Wir düsen dahin und zeigen ihnen, dass Alte was leisten!

Die wollen Euch!

Die wollen Rock!«

Das wird die Zukunft!
Schackalacka, bums die Kuh!

ENDE

DER AUTOR

© Peter Spelde

Stefan Kleinkrieg wurde 1955 in Hagen als Stefan Klein geboren. Der Rockmusiker ist das letzte verbliebene Gründungsmitglied der Band »Extrabreit«, eine der bekanntesten Musikgruppen der Neuen Deutschen Welle. Als Gitarrist, Komponist und seltener auch als Texter feierte er zahlreiche Erfolge mit »Extrabreit«. Auch heute ist die Band noch live und im Studio unterwegs.

Neben »Extrabreit« widmet sich Kleinkrieg diversen Soloprojekten. Dazu zählen nicht nur Musikalben, sondern auch eine Website mit dem Blog »Betrachtungen eines mittleren Charakters«, auf dem er in unregelmäßigen Abständen Geschichten veröffentlicht und Musikdownloads anbietet.

Die Geschichten aus den »Betrachtungen eines mittleren Charakters« sind nun in dem Erzählband »Das Rumpsteak und der Dalai Lama« erstmals zusammengefasst und als Buch veröffentlicht.

Weitere Titel im acabus Verlag

Klaus Büchner

Hanebüchner
Meine Gedichte und Fotos:
70 Jahre Klaus Büchner

ISBN: 978-3-86282-580-6
132 Seiten, Hardcover

Wenn es um Weisheiten geht, kennt Klaus Büchner (Sänger und Mitbegründer von »Torfrock« sowie die Stimme von »Werner«) kein Pardon. Auf langen Spaziergängen mit Hündin Fienchen denkt er tief nach, über die allerletzten Wahrheiten des Lebens, und schon reimt und fotografiert er wieder. Fienchen ist dabei eine sehr gute Kritikerin, denn sie findet alles spitze. Als er sie fragte, ob er vielleicht einen Gedichtband mit 50 Reimen und Fotografien veröffentlichen soll, hat sie gewedelt. Derart im Selbstbewusstsein gestärkt, kann er nun sagen: »Da isser.«

Büchner charakterisiert seine Reime als eine brisante Mischung aus Satire, Klamauk, Tatsachen und Falschmeldungen. Illustriert werden die 50 Gedichte von selbstgeknipsten Fotos.

Unser gesamtes Verlagsprogramm
finden Sie unter:

www.acabus-verlag.de
http://de-de.facebook.com/acabusverlag